高等学校电子信息类教育丛书

电子学科
课程思政教学设计指南

主　编　史水娥

副主编　刘　恒　吴雪冰

西安电子科技大学出版社

内 容 简 介

为推进落实立德树人的根本任务，深入贯彻习近平总书记“把思想政治工作贯穿教育教学全过程，实现全程育人、全方位育人”的重要论述，本书结合新工科背景下对创新型人才培养的要求，对电子信息工程专业开设的主干专业课程进行了课程思政元素挖掘和教学方法设计。本书精选了电路基础、模拟电子技术基础、数字电子技术基础、高频电子线路、信号与系统、通信原理、电磁场与电磁波、微机原理与接口技术、数字信号处理等九门主干专业课程的思政教学设计案例，给出了相应课程的知识与能力培养目标、思政元素以及具体思政教学设计过程。

本书可为高等学校电子学科教师在专业课程的教学中有效实施思政教育提供参考。

图书在版编目(CIP)数据

电子学科课程思政教学设计指南 / 史水娥主编. —西安：西安电子科技大学出版社，2023.1(2025.6 重印)
ISBN 978-7-5606-6645-7

Ⅰ. ①电… Ⅱ. ①史… Ⅲ. ①思想政治教育—教学设计—高等学校 Ⅳ. ①G641

中国版本图书馆 CIP 数据核字(2022)第 170091 号

策　　划　吴祯娥
责任编辑　马晓娟
出版发行　西安电子科技大学出版社(西安市太白南路 2 号)
电　　话　(029)88202421　88201467　　邮　　编　710071
网　　址　www.xduph.com　　电子邮箱　xdupfxb001@163.com
经　　销　新华书店
印刷单位　西安日报社印务中心
版　　次　2023 年 1 月第 1 版　2025 年 6 月第 2 次印刷
开　　本　787 毫米×1092 毫米　1/16　印 张　10
字　　数　208 千字
定　　价　40.00 元
ISBN 978 - 7 - 5606 - 6645 - 7
XDUP　6947001-2

前　言

培养什么人、怎样培养人、为谁培养人是教育的根本问题，而立德树人是教育的根本任务，其成效是检验高校一切工作的根本标准。2016 年 12 月 7 日至 8 日，在全国高校思想政治工作会议上，习近平总书记指出：“要坚持把立德树人作为中心环节，把思想政治工作贯穿教育教学全过程，实现全程育人、全方位育人，努力开创我国高等教育事业发展新局面。”2018 年 9 月，在全国教育大会上，习近平总书记强调：“要把立德树人融入思想道德教育、文化知识教育、社会实践教育各环节，贯穿基础教育、职业教育、高等教育各领域，学科体系、教学体系、教材体系、管理体系要围绕这个目标来设计，教师要围绕这个目标来教，学生要围绕这个目标来学。”为了深入贯彻落实习近平总书记关于教育的重要论述和全国教育大会精神，把思想政治教育贯穿于人才培养体系，全面推进高校课程思政建设，发挥好每门课程的作用，提高高校人才培养质量，教育部在 2020 年 5 月 28 日印发了《高等学校课程思政建设指导纲要》。

要落实立德树人的根本任务，将价值塑造、知识传授和能力培养三者融为一体，一方面，必须全面推进课程思政建设，既要寓价值观引导于知识传授和能力培养之中，又要帮助学生塑造正确的世界观、人生观、价值观；另一方面，所有课程都要承担育人责任，将显性教育和隐性教育相统一，使各类课程与思政课程同向同行，形成协同效应。

在课程思政建设中，要以坚定学生理想信念，以爱党、爱国、爱社会主义、爱人民、爱集体为主线，围绕政治认同、家国情怀、文化素养、宪法法治意识、道德修养等重点优化课程思政内容，系统进行中国特色社会主义和中国梦教育、社会主义核心价值观教育、法治教育、劳动教育、心理健康教育和中华优秀传统文化教育。

专业课程是课程思政建设的基本载体，需要结合不同课程的内容、特点、思维方法和价值理念等深入挖掘相应的课程思政元素，将思政元素有机地融入课程教学中，达到润物无声的育人效果。对于理工类专业课程，要在课程教学中把马克思主义立场、观点、方法的教育与科学精神的培养结合起来，提高学生正确认识问题、分析问题和解决问题的能力。专业课程不仅要注重科学思维方法的训练和科学伦理的教育，培养学生探索未知、追求真理、勇攀科学高峰的责任感和使命感，而且要注重强化学生工程伦理教育，培养学生精益求精的大国工匠精神，激发学生科技报国的家国情怀和使命担当。

电子信息工程专业属于工学的电子信息类的主干专业，主要应用计算机等现代化技术研究信息感知、信息获取、信息传输、信息处理与信息应用等方面的理论、技术和工程实现问题，以及电子设备与信息系统的设计、开发、应用和集成。电子信息工程专业主要培养能为改革开放和社会主义现代化建设新时期服务，德智体美劳全面发展，具有较高文化素质修养、敬业精神和社会责任感，掌握电子信息工程及相关领域的基本理论知识，具有较强的自学能力和工程实践能力，能从事电子信息系统和设备的研发、维护、运营与管理的高级工程技术人才。

课程思政的实质是一种“课程承载思政，思政寓于课程”的育人观念和方法。电子信息工程专业的主干专业课程主要有电路基础、模拟电子技术基础、数字电子技术基础、高频电子线路、信号与系统、通信原理、电磁场与电磁波、微机原理与接口技术、数字信号处理等理论课程和相应的实践课程。在每门课程的教学中，除了要教授学生相关的科学理论知识和技术，还需要将思政元素充分融入教学过程中，达到立德树人的目的。

为了使电子信息工程专业教师能够在专业课程教学中有效实施思政教育，本书选择了电子信息工程专业的九门主干专业课程进行课程思政元素挖掘和教学方法设计。根据电子信息工程专业的课程特点，本书主要从政治认同、文化自信、公民品格、法治意识、家国情怀、科学精神、全球视野、唯物辩证法等八个维度进行思政元素挖掘。在政治认同维度中，教育学生要坚决拥护中国共产党领导，坚定中国特色社会主义理想信念，积极投身到中国特色社会主义建设中；在文化自信维度中，教育学生要热爱中华民族的优秀传统文化，热爱中国共产党的革命文化，热爱习近平新时代中国特色社会主义先进文化；在公民品格维度中，教育学生要大力弘扬和践行社会主义核心价值观，强化工程伦理，具备公民道德修养和职业精神；在法治意识维度中，教育学生要自觉遵法、学法、守法和用法，培养学生知行合一、诚实守信的品德；在家国情怀维度中，教育学生要爱党、爱国、爱社会主义，具有科技报国和使命担当的责任感，以及坚定为实现中国梦而奋斗的决心和信心；在科学精神维度中，教育学生要树立严谨求实的工作作风，具有精益求精的大国工匠精神和探索创新的价值取向；在全球视野维度中，教育学生要具备基于全球变化和国际差异的思维视角，关注全球科技前沿并与中国的实际相结合；在唯物辩证法维度中，教育学生要注重原因与结果、本质与现象、量变与质变、必然性与偶然性的关系，掌握对立统一规律、质量互变规律和否定之否定规律，树立理论与实践相结合的辩证唯物主义世界观、认识论和方法论。

本书由吴雪冰编写第 1 章，史水娥编写第 2、3、9 章，詹华伟、张林庆、吴雪冰共同编写第 4 章，李玮、韩雪云、吴雪冰共同编写第 5 章，刘恒、马涛共同编写第 6、8 章，史水娥、林方丽共同编写第 7 章。河南师范大学电子与电气工程学院的张瑜教授对本书的编写提出了宝贵的意见和建议，谨向他致以诚挚的谢意！感谢河南师范大学电子与电气工程学院的大力支持，感谢河南师范大学教务处对本书编写工作的关心与指导。

在电子信息工程专业课程中能够挖掘的思政元素还有很多，由于专业教师的水平和能力有限，本书只给出了八个维度的课程思政教学设计案例，其中也存在许多不足和缺陷，只能起到抛砖引玉的作用。希望广大读者进一步修改、补充和挖掘，以求更好地实现立德树人的目的和要求。

编　者

2022 年 1 月于河南师范大学

目　　录

第1章 “电路基础”课程思政教学指南

1.1 “电路基础”课程总论

1. “电路基础”课程简介

“电路基础”课程是高等院校电子信息类专业本科生的入门专业基础课，主要研究线性、非时变集总参数电路的基本理论和基本分析方法。该课程一般在大学一年级下学期开设。前期要学习的基础课程有“高等数学”“大学物理”，后续课程有“模拟电子技术基础”“数字电子技术基础”“信号与系统”等。该课程介绍的基本理论是电磁场与微波技术、电子科学与技术、通信工程、电气工程、自动控制、计算机科学与技术等相关学科的重要理论基础之一。

2. “电路基础”课程的教学体系结构

“电路基础”课程由理论课和实验课组成，采用理论与实践紧密结合的教学体系。

3. “电路基础”课程的教学目标

1) 知识与能力教学目标

本课程的主要内容包括电路模型和电路定律、电阻电路的等效变换、电阻电路的一般分析方法、电路定理、电容和电感、一阶电路和二阶电路的时域分析、相量法、正弦稳态电路的分析、含有耦合电感的电路、电路的频率响应和三相电路。通过本课程的学习，学生应掌握电路的基本理论、基本分析方法、基本计算方法，具备初步分析和设计基本电路的能力，同时具备以下能力：

(1) 使用电路定律、电路定理进行电路分析和计算的能力；

(2) 应用等效变换的思想化简电路的能力；

(3) 使用 Multisim 电路仿真软件进行电路分析的能力。

2) 课程思政教学目标

在教学过程中，应采用适当的教学方式，实现以下课程思政教学目标：

(1) 根据“电路基础”课程中的一些知识点具有类比关系的特点，在教学过程中采用分组讨论的方式，鼓励学生之间互相帮助、取长补短，培养学生的团队合作精神和助人为乐的品质。

(2) 在学习回路电流法和结点电压法后，通过对同一个电路采用两种不同方法进行计算，比较并总结两种方法用于电源性质不同的电路时的优缺点，引导学生用哲学的辩证思维探讨问题，培养学生的逻辑思维与辩证思维能力。

(3) 在学习动态电路时域分析和相量法分析两种方法的基础上，帮助学生养成用数学思维模式分析动态电路的习惯，并通过建立两类分析方法的联系，指导学生总结归纳将直流电路的各类分析方法用于交流电路的具体方法，帮助学生理解和掌握直流电路与交流电路的关联及前后章节的联系，提升学生解决实际问题的能力。

(4) 在学习变压器工作原理的基础上，引导学生在进行实际操作时，要注意操作的规范性，培养学生严谨的工匠精神和过硬的职业素养。

(5) 在学习 RLC 电路谐振的基础上，指出谐振现象在电学领域有很多应用，同时通过具体例子说明谐振中的过电压和过电流在一般情况下需要避免，但在特殊情况下却可以加以利用，培养学生用一分为二的哲学观点看问题的能力。

(6) 在实验教学中，强化学生的安全意识，学生要严格执行实验室的管理规定，预警误操作可能出现的后果，并通过具体案例教育学生在实验过程中不能有丝毫松懈心理，要对自己和他人负责，培养学生的责任感和使命感。

4. 常用专业教材

采用邱关源主编的《电路(第 5 版)》(高等教育出版社出版)。该教材获评“‘十二五’普通高等教育本科国家级规划教材”，是国内大学常用的经典教材。另外，该教材的修订者——西安交通大学罗先觉教授开发了“电路”国家精品在线开放课程，为学生的课下学习提供了重要的学习资源。该教材以电源性质为主线，分别讲解直流电路和交流电路的基本分析方法，结构严谨，系统性、逻辑性强，有利于培养学生的辩证思维能力，帮助学生树立理论联系实际的科学观点，提高学生分析问题、解决问题的能力。

1.2 “电路基础”课程思政教学设计案例

一、电路模型和电路定律

1. 知识与能力培养目标

电路模型和电路定律一章主要介绍电路模型的概念、电流电压的参考方向、吸收和发出功率的表达式及计算方法，着重介绍电阻、理想电源、受控源等电路元件的电流和电压特点以及电路基本定律。本章是分析电阻电路的基础。

具体培养目标如下：

(1) 掌握电路中电压和电流参考方向的表示方法；

(2) 掌握电阻、理想电源、受控源的电流和电压特点；

(3) 理解电路基本定律(KCL、KVL)；

(4) 掌握电路吸收和发出功率的判断依据；

(5) 了解建立电路模型的思想。

2. 课程思政元素挖掘及教学设计案例

★ 在讲解电流概念时，引入中国古代文献的有关记载，让学生感受到中国文化的博大精深，增强学生的文化自信；在讲解中国近现代科技发展历史时，指出学生所面临的挑战，强化学生的历史使命感。

具体教学设计如下：

教师以学生经常接触到的电子产品为切入点，引出电流的概念，介绍电流的定义和定义式。在讲解电流概念时，引入我国古代电学方面的相关记载。例如，西汉时的《淮南子・地形训》中就有“阴阳相薄为雷，激扬为电”的记载，即阴阳两气彼此靠近产生雷，相互急剧作用产生电。通过这一历史考证，增强学生的民族自信心、自豪感和文化自信。同时，也要向学生强调，近年来我国的科技发展非常快，但是从 2018 年开始，集成电路芯片行业受到西方某些国家的限制。因此中国必须走国产集成电路自主研发之路，实现自给自足。通过对这一现状的讲述，增强学生的忧患意识，引导学生自觉将专业课的学习与建设现代化强国的历史重任紧密联系起来，激发学生不断获得为中华民族伟大复兴而努力奋斗的巨大动力。

★ 在讲解电路吸收和发出功率时，以电阻元件为例，分别写出电压、电流参考方向关联和非关联时的欧姆定律公式，并判断两种情况下电阻吸收、发出功率的情况。通过分析，引导学生掌握电压和电流的参考方向及其标注。标注电压和电流参考方向是电路分析必须遵守的基本规范，因为这是分析电路的前提，是“电路语言”。由此引申到做事要讲原则，做人要讲规矩。作为一名公民，应遵守法律和社会道德规范；作为一名大学生，应遵守学校的各项规章制度；作为一名电子信息专业的大学生，应从接触第一门专业基础课——“电路基础”开始，有意识地去培养专业素养，积小流以成江海，积跬步以至千里。

具体教学设计如下：

首先，让学生在不设置参考方向的情况下写出电阻元件欧姆定律的公式和电流电压值，并求解吸收、发出功率。然后，汇总学生的答案，讲解不同参考方向时的欧姆定律公式、电压和电流值、吸收和发出功率情况，同时引导学生意识到，如果没有参考方向，求出来的电压、电流结果是不对的，在分析元件是吸收还是发出功率时，其正确结果不仅无从谈起，而且根本无法判断元件在电路中到底是作为电源使用还是作为负载使用。

此教学过程的设计，旨在培养学生按照基本规范分析问题、解决问题，进而不断提高各项综合素质。

★ 在讲解基尔霍夫定律(KCL、KVL)时，引入德国物理学家 G. R. 基尔霍夫提出基尔霍夫定律的过程，以及该定律在集总参数电路中的重要地位和作用，让学生体会到基础研究在社会科技进步中的重要性；同时引导学生将正确的科学观与理论知识相结合，服务社会、造福人类，培养学生养成良好的科学素养，树立正确的工程伦理观。

具体教学设计如下：

首先，将物理学家 G. R. 基尔霍夫的个人简介以 PPT 形式展示给学生，并给几分钟时间，让学生在手机上查阅他在基础研究领域作出的贡献。接着，教师指出基尔霍夫是在 21 岁(1845 年)时通过发表论文的形式，提出了适合一切集总参数电路的两个定律，直至现在这两个定律依然是解决复杂电路问题的重要工具。通过学习，让学生了解基尔霍夫定律作为电路中最基本的电路定律的重要性，以此引申到基础研究的重要性，以及改变社会、造福人类的作用，培养学生的理性科学精神和为人类作贡献的使命担当。然后，教师告诉学生，基尔霍夫并未停止对科学的探索，又于 1860 年通过用灯焰烧灼食盐的实验提出了关于热辐射的定律，以此引导学生要珍惜大学时代的黄金时光，树立远大目标，积极探索，不断为祖国的科技进步作出自己的贡献。最后，通过实例引导学生应用基尔霍夫电流定律求解某一支路的电流，应用基尔霍夫电压定律求解某一支路的电压，并要求学生对本章求解电流和电压的方法进行总结。

二、电阻电路的等效变换

1. 知识与能力培养目标

电阻电路的等效变换一章主要介绍应用等效变换的思想求解电阻电路和无源一端口输入电阻的方法，着重介绍电阻的串并联和 Y-△等效变换、理想电源及其与支路串并联的等效变换、实际电源等效变换，以及求解无源一端口输入电阻的方法。本章是分析简单电阻电路的基础。

具体培养目标如下：

(1) 掌握电阻串并联等效变换的方法；

(2) 掌握电阻 Y-△等效变换的方法；

(3) 掌握理想电源及其与支路串并联等效变换的方法；

(4) 掌握实际电源等效变换的方法；

(5) 理解无源一端口输入电阻的求法。

2. 课程思政元素挖掘及教学设计案例

★ 首先通过惠斯通电桥提出问题：当电桥不满足平衡条件时，如何求解该电路的等效电阻；然后提出可通过在 Y 和△结构之间进行等效变换求解复杂电路的等效电阻；最后通过例题引导学生总结在 Y 和△结构之间进行电阻等效变换的步骤。在教学过程中，引导学生在学习或者生活中遇到问题时，要科学地运用马克思主义世界观和方法论解决问题，树立正确的人生观。

具体教学设计如下：

首先，要求学生复习电阻串并联等效变换的方法，再给出一个惠斯通电桥结构的例题，提出在不满足桥臂电阻平衡条件的情况下如何进行该电路的计算的问题。然后，引导学生观察三个电阻的连接方式有几种情况。通过观察，学生可以很容易得知只有 Y 和△两种连接方式。教师再提出：根据电阻的连接方式应用等效变换的条件，通过在 Y 和△结构之间进行等效变换，可以求解复杂电阻电路的等效电阻。接着引导学生根据两个端口进行等效变换的条件，共同推导出求电阻 Y-△等效变换的条件。最后给出实例，引导学生归纳总结出进行 Y-△等效变换的一般步骤。

此教学过程的设计，旨在引导学生在遇到困难、挫折时，不逃避，不退缩，做到自我适应、自我反思和自我调整，并积极地想办法解决，必要时，还可以集思广益、博采众长，培养学生树立正确的人生观。

★ 对于一个含有多个独立源的电路，首先指出直接采用电阻电路的分析方法是无法求解的，接着教师提出可以应用等效变换的思想，通过对实际电源进行等效变换，将给定的复杂电路变换成简单的纯串联回路，以此引导学生学会转化问题，化繁为简，将抽象问题简单化。

具体教学设计如下：

首先，给出理想电压源和理想电流源的电路模型，并以实际干电池的电路模型为例进行说明，引导学生建立实际电压源和实际电流源的电路模型。再提出问题：对于一个含有多个独立源的电路，如何结合前面学习的电阻、理想电源的等效变换方法来分析电路？然后，引导学生结合两类实际电源模型，应用等效变换的方法建立两类实际电源的等效变换电路，并总结出变换中要注意的数值关系和方向关系。最后，通过实例引导学生自行总结出应用等效变换方法解题的步骤。等效变换方法能将一个含有多个独立源的电路变换成仅有一个独立源的纯串联回路。

此教学过程的设计，旨在引导学生将复杂的工程问题通过等效变换转化为简单问题，将抽象问题简单化，进而完成对较复杂电路的分析。同时，教师还可以进一步提出通过变换解决问题是传统的中国智慧，“穷则变，变则通，通则久”，引导学生要善于发现当今科技领域中的“瓶颈”，并为解决瓶颈问题而积极想办法，要敢于创新、勇于拼搏，努力肩负起科技强国的使命担当。

★ 在讲解完电阻电路的等效变换这一章所有利用等效变换思想求解电阻电路的方法后，教师可以列举用等效变换思想无法求解的情况，例如对于含有受控源的电路，受控源所在支路不能进行等效变换；同时告诉学生，在求解等效电路内部的电压或电流时，需要在原电路中进行求解，以此指出等效变换方法的局限性。教师从等效变换的作用和局限性出发，指出同一问题往往有多种解决方法，且每种方法都有其优点和局限性，从而引导学生遇事不要钻牛角尖，要辩证地对待人生环境，学会自己缓解压力，积极乐观地对待学习和生活，拥有积极、健康的心理。

具体教学设计如下：

首先，教师给出两道无法用等效变换方法求解的典型例题，例如两道求解等效变换电路内部电流或电压的例题，每题给学生 2～3 分钟时间思考。然后，教师在讲解的过程中引导学生意识到，在求解等效变换电路内部电流或电压问题时需在原电路中进行求解，或者在含有受控源的电路中对受控源所在支路不能进行等效变换，以此指出等效变换方法的局限性。

此教学过程的设计，旨在引导学生用发展的、辩证的思维看待等效变换这一方法，培养学生唯物辩证的思维能力。

三、电阻电路的一般分析

1. 知识与能力培养目标

电阻电路的一般分析一章主要介绍电阻电路的一般分析方法，在介绍了图的概念，独立结点、独立回路的数目和选取后，重点介绍支路电流法、网孔电流法、回路电流法、结点电压法的标准方程。

具体培养目标如下：

(1) 掌握图的基本概念，独立结点、独立回路的数目及选取规则；

(2) 掌握支路电流法；

(3) 掌握网孔电流法；

(4) 掌握回路电流法；

(5) 掌握结点电压法。

2. 课程思政元素挖掘及教学设计案例

★ 通过实例讲解支路电流法、网孔电流法、回路电流法、结点电压法，同时通过总结得到每种方法求解电路问题时列写的电路方程的标准形式，让学生了解掌握事物普遍规律的重要性，鼓励学生要透过现象去发现事物的本质和规律。

具体教学设计如下：

学习了电阻电路的一般分析方法后，以提问的方式让学生讨论一般分析方法和等效变换方法的区别，引导学生根据每一类电路方程的标准形式，总结出电路方程所依据的工具和方程左右两侧正、负取舍的方法。然后，教师进行归纳总结：等效变换方法对于特定的、简单的电阻电路可行性较高，但该方法没有固定的步骤可循，需要进行多次等效变换，因此该方法具有局限性；电阻电路的一般分析方法具有普遍性和系统性，每种方法对所有的电阻电路问题都可以进行求解。通过两种方法的比较，让学生意识到只有把握规律才能更好地解决问题，提高学生运用唯物辩证法的能力。

★ 在讲解支路电流法、网孔电流法、回路电流法、结点电压法后，教师带领学生对每种方法的优点和局限性进行比较，并指出求解不同电阻电路问题可以有多种方法，以此培养学生的科学思维能力和自主学习意识。

具体教学设计如下：

对于同一个电阻电路，以具有 4 个结点、8 条支路的电路为例，让学生采用支路电流法、网孔电流法、回路电流法、结点电压法分别列出求解电路的标准方程。然后教师以归纳总结的教学方式引导学生得到以下结论：同一电阻电路可以使用不同的分析方法；具体采用何种分析方法，要根据结点、支路个数来确定。同时指出采用不同方法求解的难易程度差别很大，如果方法得当，可以达到事半功倍的效果。在教学过程中要潜移默化地培养学生的科学思维能力和自主学习意识，不断提高学生的自学能力和应变能力。

★ 在讲解拓扑图的基本特性时，引导学生理解结点和支路的关系：结点可以脱离支路单独存在，但是支路不能脱离结点单独存在。然后教师将支路、结点的关系引申到人与人的关系、人与社会的关系，培养学生独立的个性与团结协作的精神。

具体教学设计如下：

首先，教师讲解电路拓扑图中结点、支路、子图、树等基本概念，然后组织学生讨论拓扑图中支路和结点的依附关系。在讨论过程中，教师引导学生通过实例总结两者的关系：移去图中的支路，与支路连接的结点依然存在，因此允许有孤立结点存在；但如果将结点移走，那么与结点连接的全部支路也应同时移去，所以支路不能脱离结点而单独存在。最后，教师将支路和结点的关系进行升华，引导学生理解实际生活中人与人之间的关系。对个人而言，就是通过不断学习知识来提升自己，磨砺自己独立、乐观的品格，学会正确处理个人与他人、个人与集体的关系。

★ 在完成支路电流法的教学后，告诉学生无论是本节课所学方法，还是后面即将学习的回路电流法、结点电压法，在完成方程列写之后，都要进行多元线性方程组的求解，从而引出克莱姆法则。最后指出线性代数是学习本章的一个基本工具，并通过讲述瑞士科学家克莱姆专心治学的故事，对学生进行思政教育。

具体教学设计如下：

教师通过实例，指导学生应用支路电流法对具有一个给定参数、包含三条支路的电路进行分析。在学生根据基尔霍夫电流定律(KCL)和基尔霍夫电压定律(KVL)列出电路方程后，教师引导学生使用克莱姆法则求解电路方程。待学生求出正确答案后，教师提出：线性代数不仅是本节求解电路方程的基本工具，在本章后面的学习中仍需要使用；同时指出本专业本科阶段乃至更高阶段很多核心课程的学习，均需要将数学作为工具，以此引导学生认识到学好数学的重要性。最后，教师通过 PPT 介绍瑞士科学家克莱姆，向学生讲授克莱姆专心治学、潜心科研的故事及他所取得的伟大成就，教育学生要想为祖国的科学技术发展作出杰出贡献，就要有坚韧不拔之志。

四、电路定理

1. 知识与能力培养目标

电路定理一章主要介绍求解电阻电路问题时使用的电路定理，着重介绍叠加定理、替代定理、戴维宁定理和诺顿定理以及最大功率传输定理的内容、适用范围及使用方法。

具体培养目标如下：

(1) 掌握叠加定理及其使用方法；

(2) 了解替代定理及其使用方法；

(3) 掌握戴维宁定理和诺顿定理及其使用方法；

(4) 掌握最大功率传输定理及其应用。

2. 课程思政元素挖掘及教学设计案例

★ 以含有三个独立源的电路为例讲授叠加定理，同时通过实例证明叠加的方式是任意的：可以一次有一个独立源单独作用，也可以一次有多个独立源共同作用，只需确保原电路图中给定的独立源全部作用了，并且只作用了一次。以此培养学生的辩证思维和解决问题的能力。

具体教学设计如下：

首先，给出用叠加定理求解的典型例题。以含有三个独立源的电路为例，使用电阻电路的一般分析一章学习的方法求解出某条给定支路的电流，然后求出每个独立源单独作用于电路时的对应支路电流，再求出任意两个独立源共同作用时的支路电流。然后，教师引导学生观察求解结果，并对结果进行总结：使用叠加定理时，叠加的方式是任意的，可以根据电路形式来选择。以此说明，可以灵活应用叠加定理，而且也可以用前面章节学过的分析方法。初始学习时，提倡学生对同一道题分别使用不同的分析方法，并对各类分析方法进行对比，总结出不同的电路形式所适用的方法。在教学过程中提醒学生不能生搬硬套，以培养学生的辩证思维和解决问题的能力。

★ 在讲解戴维宁定理时，让学生自己查询法国电信工程师莱昂·夏尔·戴维宁对电学发展作出的杰出贡献，以此对学生进行科学精神教育。

具体教学设计如下：

教师在讲解了戴维宁定理后，提出问题：该定理为什么被命名为戴维宁定理？学生会推测是用科学家的名字命名的。然后让学生搜集法国电信工程师莱昂·夏尔·戴维宁的有关资料，并对戴维宁对电学发展所作出的杰出贡献进行总结。最后指出戴维宁定理可以用于计算更为复杂电路的电流，以此引导学生要刻苦钻研，同时要扩大视野，善于利用已有资源，站在巨人的肩膀上进行新的研究和发现。

★ 在讲解最大功率传输定理时，采用理论和实践相结合的模式，邀请国家电网资深工程师通过线上教学，给学生讲解最大功率传输定理及其在电力系统中的应用，让学生意识到学习的目的是服务国家、服务社会、服务人民。

具体教学设计如下：

在认真学习了戴维宁定理后，教师可邀请国家电网资深工程师通过线上教学讲解最大功率传输定理及其在电力系统中的应用。然后教师组织学生进行小组讨论，使学生加深了解电路知识在实际电力系统中的应用，以便将来能更好地服务国家和社会。同时教师再次提出，要想为社会发展贡献自己的力量，就应该学好“电路基础”这一入门专业课，为后续专业课的学习打牢基础。教师采用层层递进的教学形式，培养学生建设祖国的责任担当。

★ 在学习了叠加定理、替代定理、戴维宁定理、诺顿定理和最大功率传输定理后，教师以列表形式总结出各类定理的内容、适用范围和使用方法，引导学生对各类定理解决的电路问题进行对比总结，培养学生归纳总结和对比迁移的学习能力，进而提高学生的科学素养。

具体教学设计如下：

学习完本章的各类电路定理后，教师以列表和小组讨论的方式对所学定理进行对比和总结，引导学生通过对比，总结出电路定理能解决的问题和正确使用电路定理的方法，培养学生归纳总结的学习能力。开展小组讨论，能加深学生对各类定理的理解和掌握，并培养学生的团队意识和勇于探索的科学精神。

五、含有运算放大器的电阻电路

1. 知识与能力培养目标

含有运算放大器的电阻电路一章主要介绍实际运算放大器电路模型、理想运算放大器电路模型和含有理想运算放大器的电阻电路的分析方法。

具体培养目标如下：

(1) 掌握"虚短""虚断"的概念；

(2) 掌握含有理想运算放大器的电阻电路的分析方法；

(3) 理解运算放大器在理想化条件下的外部特性；

(4) 了解建立运算放大器电路模型的方法。

2. 课程思政元素挖掘及教学设计案例

★ 随着集成电路技术的发展，运算放大器逐步集成化，功能越来越强大，成本却大大降低，使得其应用越来越广泛。在讲解运算放大器的工作原理时，增加集成电路相关知识的介绍，以增强学生科技报国的信念和决心，让学生牢记自己的社会责任和使命担当。

具体教学设计如下：

教师在讲解运算放大器的工作原理时，介绍我国集成电路的发展现状。现在我国集成电路技术结点工艺水平已经达到 28 nm，部分产品达到 7～14 nm，已经形成综合制造能力，虽发展迅速，但在某些关键核心技术上仍遇到很多瓶颈和难关，需要学生们刻苦钻研，并树立民族自豪感和责任感。

★ 在讲解运算放大器的转移特性时，指出运算放大器既可以工作于线性区，也可以工作于非线性区，运算放大器在不同的区域能实现不同的电路功能；同时还要指出，只有掌握了基本元器件的特性，才能根据实际电路的需要灵活地进行电路设计，从而有助于学生掌握正确的学习方法。

具体教学设计如下：

教师让学生课下搜集运算放大器的型号和分类资料，并初步了解多端集成器件的分析方法；然后让学生在课堂上以小组为单位对运算放大器的应用进行讨论，使学生进一步认识到运算放大器是各类功能电路不可或缺的核心器件；最后指出运算放大器既可以工作在线性区也可以工作在非线性区，以此引导学生要想设计功能更加强大的电路，应从基本器件的基本分析方法入手，让学生认识到掌握专业理论基础知识的重要性。

★ 在分析含有运算放大器的电阻电路时，引入电路设计的基本方法，引导学生掌握电路设计的方法步骤和要求，并向学生明确指出电路分析和电路设计的关系，为培养学生的知识应用能力奠定基础。

具体教学设计如下：

首先，教师在讲解含有理想运算放大器的典型电路(如比例器、加法器、减法器等)时，引导学生观察信号从同相输入端和反相输入端输入时，对输出相位的影响。其次，在学生掌握典型电路的分析方法后，提出能否设计一个实现指定功能的电路的问题。教师首先要明确电路设计是更高阶的要求，然后让学生以小组合作的方式进行电路设计，再组织讨论，最后由组长汇报讲解所设计的电路。教师对各小组的汇报进行点评后，再向学生明确电路设计的基本要求，并引导学生共同总结出电路设计的基本步骤。最后，教师指出电路分析和电路设计的关系：电路分析是指已知电路形式，求支路的电压、电流或功率；电路设计是指已知电路功能，设计实现该功能的电路形式，确定元件参数，并比较电路性能。电路基础课程主要讲授电路分析的方法，是基础，是为以后设计出功能更强、性能更好的电路做铺垫的。以此引导学生要用长远的、发展的眼光看问题，不能仅仅停留在最低阶段的要求上自我满足、停滞不前。

六、储能元件

1. 知识与能力培养目标

储能元件一章主要介绍电容和电感元件在电路中的 VCR 约束关系，着重介绍电容和电感元件的功率、能量表达式，以及电容和电感元件串联、并联时的等效参数。

具体培养目标如下：

(1) 掌握电容元件的 VCR 约束关系、功率、能量表达式；

(2) 掌握电感元件的 VCR 约束关系、功率、能量表达式；

(3) 掌握电容、电感元件串联和并联的概念；

(4) 理解电容元件和电感元件的内部工作原理。

2. 课程思政元素挖掘及教学设计案例

★ 结合电阻的 VCR 约束关系以及电路的基本定律(KCL、KVL)，讲解电容、电感元件的 VCR 约束关系，让学生理解电路分析中所依据的两类约束条件，以此引导学生在职业规划中注意协调个人发展和社会需求的相互关系。

具体教学设计如下：

首先，教师讲解电容、电感元件的 VCR 约束关系。然后，以分组讨论的方式，让学生总结电阻、电容、电感元件的 VCR 约束关系。最后，指出除了要满足最基本的元件约束关系外，在实际电路中还应满足 KCL 和 KVL 的约束关系。以此引导学生意识到，对生活、工作等作出的规划，既要满足个人发展要求，又要满足社会发展要求。

★ 在介绍电感元件的特性时，以 PPT 或视频形式介绍忆阻器的发明者蔡少棠，并展示发明忆阻器的过程，以此培养学生的科学精神和探究意识，进而激发学生的自信心和民族自豪感。

具体教学设计如下：

教师将科学家蔡少棠的个人简介以 PPT 或视频形式进行展示，同时让学生在手机上查阅蔡少棠在忆阻器发明中作出的贡献。通过展示科学家对科学的追求，潜移默化地培养学生对专业的好奇心和科学直觉；同时结合法拉第、施泰因梅茨的故事，鼓励学生不畏艰难，坚定信念，争做担当大任的时代新人。

★ 结合电容串联、并联在电梯上下按键控制电路中的应用实例，讲解电容的串联、并联等效知识，以此激发学生的学习兴趣，鼓励学生探讨所学专业知识在生活中的实践应用。通过让学生查阅《超级电容在电梯节能中的应用前景探讨》文献，锻炼学生的文献搜索和阅读能力，培养学生的科学研究能力。

具体教学设计如下：

首先，教师讲解电容元件的 VCR 关系及功率、储能特点，对电容元件的串联、并联和电阻的串联、并联进行类比，指导学生掌握求解串联、并联等效电容值的方法，引导学生认识电容串联、并联的作用，培养学生将所学知识和实际生活相联系的习惯，帮助学生认识到知识是来源于生活的，并且可以指导和改变生活。然后，举出电容串联、并联在电梯上下按键控制电路中的应用实例，给出控制电路，指导学生用本节所学知识进行分析，指出专业课所学知识与生活的紧密联系，让学生体会到用所学知识解决实际生活问题的成就感。从大学低年级开始，传授学生进行科学研究的方法，提高学生的科学素养，同时将课内所学知识进行延伸和升华，可指导学生查阅《超级电容在电梯节能中的应用前景探讨》文献，指出超级电容在大功率电器中将具有很强的优势和良好的应用前景，以此激发学生的学习兴趣。

七、一阶电路和二阶电路的时域分析

1. 知识与能力培养目标

一阶电路和二阶电路的时域分析一章主要讨论用微分方程描述电路，对微分方程的求解主要采用时域法中的经典法；然后在讨论 RC、RL 一阶电路的基础上，采用相同的求解方法讨论二阶电路，全面学习一阶电路和二阶电路的零输入响应、零状态响应、全响应；最后介绍阶跃响应和冲激响应，并从激励之间的关系出发，找到响应之间的关系。

具体培养目标如下：

(1) 掌握建立动态电路方程的方法；

(2) 掌握确定电容元件、电感元件和动态电路初始条件的方法；

(3) 掌握一阶电路和二阶电路的零输入响应、零状态响应和全响应的概念及求解方法；

(4) 掌握求解一阶电路的三要素法；

(5) 掌握一阶电路和二阶电路阶跃响应的概念及求解方法，能建立阶跃响应和零状态响应之间的关系；

(6) 掌握一阶电路和二阶电路冲激响应的概念和求解方法，并能从阶跃信号和冲激信号之间的关系得到应用阶跃响应求解冲激响应的方法。

2. 课程思政元素挖掘及教学设计案例

★ 在讲解了动态电路的特点(换路时存在过渡过程)后，提出问题：如果设计电路时没有考虑动态电路的这一特点，会出现什么现象？以此培养学生理论联系实际、用所学理论知识解决实际问题的能力。

具体教学设计如下：

首先，教师引入本章的分析对象：含有电容和电感的动态电路。然后，通过对电容、电感元件组成的动态电路和电阻电路进行对比，指出动态电路换路时存在过渡过程，并与学生一起分析过渡过程存在的原因：电容、电感是储能元件，由于能量的建立或者释放都需要一定的时间，因此动态电路换路时，需要经历一个过渡过程才能达到新的平衡。最后，向学生提出问题：如果没有考虑动态电路能量释放需要的过渡过程，将会产生什么现象？这可以用电感的电压电流关系的微分形式来回答：当断开动态电路时，电流从一定的数值突然变为 0，产生过电压，就会出现“电火花”(或者打火)现象。

教师通过动态电路和电阻电路的对比，使学生掌握动态电路的特点，并指导学生用所学理论知识解释日常生活现象；提醒学生在实际生活中切断由电容、电感元件组成的动态电路时，要避免过电压和过电流的出现，以此教育学生要将所学的专业知识和生活紧密联系，激发学生学习专业知识的热情。同时告诉学生设计电路时，不能仅仅满足于电路功能的实现，还要对设计方案进行全面考虑，优中选优，锻炼学生的创新思维能力。

★ 在讲解二阶电路的零输入响应前，指出最早研究振荡电路的是英国数学家、物理学家、工程师威廉·汤姆逊。威廉·汤姆逊经过不断探索于 1853 年发表了论文《瞬态电流》。他在论文中提出了通过导体放电的电容器的数学模型，找到了电容器的“同伙”电感器，建立了二阶常系数微分方程，并指出方程的解即二阶电路的零输入响应。通过介绍威廉·汤姆逊，引导学生把握当下，树立远大目标，并为自己的理想不懈努力。

具体教学设计如下：

首先，教师通过 PPT 向学生展示莱顿瓶的图片，指导学生查阅资料，获知莱顿瓶的基本原理，并提出本节的研究内容：二阶电路的零输入响应。然后，教师向学生展示威廉·汤姆逊在电磁学领域作出的贡献，引导学生学习威廉·汤姆逊的论文《瞬态电流》，并指出虽然当时研究条件艰苦、资源匮乏，但是威廉·汤姆逊凭借坚定的理想信念克服了一切困难，以此引导学生要确定自己的学习目标，发掘自己的专业特长，为自己的目标不懈努力。最后指出，电磁学方面的很多成就都是许多科学家对莱顿瓶进行深入研究的成果，鼓励青年大学生站在前人研究成果的基础上，利用当前较好的学习条件和学习资源，努力学习，为祖国的科技创新作出贡献。

★ 在讲解一阶电路的全响应过程时，采取小组讨论的方式，指导学生对基本 RC 电路的零输入和零状态响应过程进行分析，加深学生对全响应过程的理解。同时引入量变与质变的关系，指出只有在初始阶段学习中奠定坚实的基础，并在日常学习中坚持积累，在掌握的知识达到一定的程度后，才可以实现从量变到质变的升华。

具体教学设计如下：

教师在讲解基本 RC 电路的零输入响应和零状态响应时，指出基本 RC 电路的零输入响应就是电容器从开始的初始储能进行放电的过程，而基本 RC 电路的零状态响应则是从电压为零的初始状态进行充电的过程。然后引入全响应的概念，提出问题：基本 RC 电路的全响应对应什么过程？让学生以小组讨论的方式得出结论：全响应是零输入响应和零状态响应的叠加。最后结合实际电容器充电、放电过程，让学生深刻理解基本 RC 电路的零输入响应和零状态响应，进而理解基本 RC 电路的全响应，并指出这是由量变到质变的突破。平时"量"的积累很重要，只有"量"积累到一定程度，才会实现"质"的飞跃。将此思想进一步延伸，让学生认识到"电路基础"课程是本专业的基础课，只有打牢坚实的理论基础，才能为后续专业课程的学习乃至在自己的研究领域中实现技术的突破提供保障。

★ 在完成全响应的教学后，教师提出：动态电路的响应是瞬态过程，很难捕捉和直接观察，需要使用 Multisim 仿真工具。通过观察仿真波形的变化规律，让学生更加深刻地理解一阶时间常数的含义，进而理解本章各类响应的规律，以此引申出在学习和生活中遇到困难时，可以借助工具或通过其他渠道来解决问题。

具体教学设计如下：

本章对动态电路过渡过程的分析，相对于前面对电阻电路的分析而言，比较复杂、抽象、难懂，教师除了要结合学生熟悉的电容器的充电、放电过程进行讲解外，还要指导学生使用 Multisim 仿真工具进行电路仿真，通过观察仿真波形的变化规律，帮助学生理解零输入响应和零状态响应的规律。同时指导学生观察改变 R、L、C 的取值对波形的影响，让学生理解时间常数的含义。以此引申到当学生遇到困难时，不能畏缩，要善于转变思维方式，积极借助工具或者依靠团队合作来克服困难，培养学生从不同角度解决问题的思维方式。

★ 在完成一阶电路、二阶电路冲激响应的教学后，引导学生阅读相关的英文文献，让学生加深对冲激响应的理解，同时提高学生的文献阅读能力。

具体教学设计如下：

由于一阶电路、二阶电路的冲激响应的分析方法和前面学习的各类响应的分析方法有着很大区别，同时对应的过程也更为复杂，因此教师可引导学生从引起响应的激励出发，从冲激函数和阶跃函数的关系入手，利用冲激响应和阶跃响应之间的关系阐述求解冲激响应问题的另一种方法，帮助学生加深对冲激响应过程的理解，开阔思路。最后让学生课后阅读英文文献 *Pharmacogenomics in Radionuclide Therapy: Impact on Response to Theranostics*，培养学生的科学素养，并引导学生养成关注国际新技术应用动态的良好习惯，为提高自身专业素养奠定基础。

八、相量法

1. 知识与能力培养目标

相量法是进行线性电路正弦稳态分析的一种简单易行的方法。本章主要介绍复数、正弦量、相量法的基础以及电路定律的相量形式。本章介绍的内容是进行交流电路分析的基础，其中建立交、直流电路分析的联系是本章的重点和难点。建立了交、直流电路分析的联系后，就可对给定电路相量形式的电路模型使用直流电路分析方法进行分析，其区别仅在于所使用的数学工具由原来的实数运算变为复数运算。

具体培养目标如下：

(1) 掌握复数的几种常用表示方法及相互转换关系，掌握复数基本运算的代数法和图解法；

(2) 掌握正弦量的三要素；

(3) 掌握同频正弦量相位差比较的方法；

(4) 掌握正弦量的相量表示法，理解正弦量和相量之间的对应关系，理解相量和复数之间的关系；

(5) 掌握电路定律的相量形式，以及三类基本电路元件(电阻、电容、电感)电压电流关系(VCR)的相量形式；

(6) 初步理解正弦稳态电路分析的思想和方法。

2. 课程思政元素挖掘及教学设计案例

★ 在讲解正弦稳态电路相量分析法时，首先要引导学生掌握复数的表示方法和复数基本运算(加、减、乘、除)的代数法及图解法，同时建立正弦量和相量间的联系，列出一阶 RC 电路、一阶 RLC 电路和二阶 RC 电路、二阶 RLC 电路的常微分方程。最后通过列举威廉·汤姆逊在《瞬态电流》论文中用高等数学建立模型的事例，说明数学学科的重要性，鼓励学生本科阶段要学好高等数学课程。

具体教学设计如下：

教师采用启发式教学模式，从简单的问题出发，提出问题：如何在复平面上将一个点唯一地确定下来？引导学生从以下方面进行思考：① 已知复数的实部和虚部；② 已知复数的长度和角度。组织学生讨论复数的几种表示方法及其转换关系，再提出问题：如何进行复数加减运算？在引导学生思考后，提出代数法和图解法，并给学生讲解如何运用代数法和图解法进行复数乘除运算。在这一教学过程中，学生会逐步意识到高等数学的重要性，认识到数学是本学科不可或缺的工具。最后给学生讲述威廉·汤姆逊的论文《瞬态电流》中数学模型的建立过程，让学生查阅资料，了解威廉·汤姆逊在热学、电磁学、流体力学、光学、地球物理、数学、工程应用等方面所作出的突出贡献，鼓励学生要勇于探索，注重基础学科和交叉学科的学习。

★ 在讲解用频域相量法分析正弦稳态电路时，通过频域相量法与时域分析法的对比，指出时域分析法是经典方法。对于 RC 电路和 RL 电路来说，建立的时域电路方程是一阶线性常微分非齐次方程，求解相对容易。但对于 RLC 二阶电路来说，建立的是二阶线性微分方程，由于正弦电源充当激励，因此方程求解过程相对复杂，由此引出频域相量法。最后指出，使用频域相量法虽然增加了建立正弦量和相量对应关系这一过程，但可以变复杂的微分方程计算为相对简单的复数运算。在此教学过程中，引导学生在提出问题、解决问题时，要突破思维定式、化繁为简。

具体教学设计如下：

教师首先给出一个 RC 电路，加入正弦交流电压源，让学生总结该电路的电容充电规律。学生会列出一阶微分方程，通过解方程得到电容充电规律。然后教师在第一个电路的基础上加入电感元件，再次让学生求解 RLC 电路的零输入响应。学生会继续按照第一种方法列出二阶微分方程，但是在解方程时会遇到困难。这时教师先提出求解电路遇到困难时，能否突破思维定式，另辟蹊径，换个角度寻找更容易求解的方法；再指出可利用正弦量和相量之间的对应关系并且引入相量法进行分析。以此引导学生在学习、生活中遇到困难时，不能回避，更不能退缩，而要开阔思路、直面问题，培养学生的科学探索精神和良好的学习习惯。

九、正弦稳态电路的分析

1. 知识与能力培养目标

正弦稳态电路的分析一章的主要内容是用相量法分析线性电阻电路的正弦稳态响应。在掌握阻抗、导纳概念的基础上，建立正弦稳态电路分析的初步思想。将电阻升级为阻抗、电导升级为导纳，采用相量法建立交流和直流电路的联系，将直流电路看作正弦稳态频率为 0 的交流激励的特例，用以前学习的电阻电路的基本知识和方法分析正弦稳态电路。然后介绍正弦电流电路的瞬时功率、平均功率、无功功率、视在功率和复功率的定义，使学生掌握这几类功率之间的关系以及实现最大功率传输的方法。

具体培养目标如下：

(1) 掌握阻抗、导纳的定义及意义；

(2) 通过电阻、电容、电感串联和并联的对比，掌握阻抗串联、导纳并联等效变换的方法；

(3) 掌握分析无源一端口网络的两种方法：代数法和相量法；

(4) 掌握等效变换法、回路电流法、结点电压法、电路定理等基本分析方法在正弦稳态电路相量法中的应用；

(5) 掌握有功功率(平均功率)、无功功率、视在功率、复功率的定义式、符号、单位和意义；

(6) 掌握正弦稳态电路最大功率传输的求解方法。

2. 课程思政元素挖掘及教学设计案例

★ 讲解阻抗和导纳的单位时，指出导纳的单位是西门子(符号 S)。通过介绍德国发明家、企业家维尔纳·冯·西门子在电气领域的杰出贡献及西门子公司的发展历程，教育学生要努力学习专业知识，要有真才实学，要不懈努力。

具体教学设计如下：

首先教师通过阻抗的定义和表示方法，引出导纳的定义和表示方法、阻抗和导纳的转换关系，启发学生说出导纳的单位，并指出导纳的单位与电导的单位是相同的，都是西门子(符号 S)。然后用 PPT 呈现维尔纳·冯·西门子在电气领域的杰出贡献以及西门子幼时的生活环境和成长经历，鼓励学生要有远大志向和克服困难的决心，把握当前的学习条件和机会，为自己的理想和目标不懈努力。最后让学生搜索有关西门子公司发展历程的资料，引导学生学习西门子的实干精神，同时介绍西门子公司出众的产品品质、领先的技术成就、不懈的创新追求，让学生感受到成就未来不可或缺的宝贵品质就是创新意识和实干精神。

★ 在讲解如何求给定一端口的戴维宁等效电路时，先给出传统求解方法，再鼓励学生运用多种方法进行求解，启发和拓展学生的思维，达到举一反三的目的。

具体教学设计如下：

教师首先讲解正弦稳态电路的分析方法，通过相量法和电阻电路分析法的对比，将线性电阻电路的各种分析方法和电路定理推广到线性电路的正弦稳态分析中，并通过例题说明戴维宁定理是对正弦稳态电路进行分析和化简的一个重要工具。然后，将电路改成相量形式模型，将等效电阻升级为等效阻抗，讲授使用开路电压、将独立源置零求出等效阻抗的经典方法，启发学生用开路电压、短路电流法求等效阻抗。最后提出问题：相量法和电阻电路分析法都需要两步求解，有无更为简便的方法？以此引导学生进一步探索求解的方法，以拓展学生解决问题的思路，培养学生触类旁通的学习能力。

★ 在讲解最大功率传输时，引导学生比较“最大功率传输”和“最大功率传输定理”，找出其相同点和不同点，培养学生通过事物的区别和联系来认识事物本质的哲学思想。

具体教学设计如下：

在学习阻抗、导纳和复功率的基础上，教师提出问题：如何实现含有电阻、电容和电感的含源一端口向负载传输最大功率？引导学生将此问题与前面学习的“最大功率传输定理”进行比较，得到以下结论：① 二者的基本思路是相同的，都需要找到负载和含源一端口的最佳匹配条件，在匹配条件下求解负载获得的功率；② 二者所用的工具是相同的，都是将戴维宁定理作为工具，对电路进行化简，变成仅有电源、等效阻抗(或电阻)和负载的简单回路。然后启发学生寻找二者的区别：由于本章的含源一端口同时包含电阻、电容、电感和电源，结构更为复杂，寻找匹配条件也更为复杂，同时需要让学生知道本章传输的最大功率是指负载获得的有功功率。最后指出：本章所讲的“最大功率传输”和第四章的“最大功率传输定理”处理问题的思路和工具虽然是一致的，但本章讨论的对象更具有一般性，建立的电路模型更接近于实际电路，该电路模型对含源一端口进行了升级，且将等效电阻和负载电阻分别升级为等效阻抗和负载阻抗。教师通过比较进行教学，不仅降低了学习难度，而且可以让学生认识到学习新知识和认识事物规律是类似的，都可以从事物之间的区别和联系出发，由联系促发展，并指出用哲学思想指导自然科学工作是科学研究常用的方法。

十、含有耦合电感的电路

1. 知识与能力培养目标

含有耦合电感的电路一章主要介绍耦合电路中的磁耦合现象，互感、耦合系数，耦合电感的同名端，耦合电感的磁通链方程，耦合电感的电压电流关系，含有耦合电感电路的分析计算，以及变压器电路和理想变压器电路的分析方法。

具体培养目标如下：

(1) 掌握互感电压与自感电压的表达式；

(2) 掌握含有耦合电感电路去耦等效的思想和方法；

(3) 掌握顺接串联和反接串联、同侧并联和异侧并联，同名端是公共端、异名端是公共端的 T 形去耦等效方法；

(4) 掌握理想变压器的变压关系、变流关系和变阻抗关系，会根据同名端和电流参考方向确定变压器的变比关系。

2. 课程思政元素挖掘及教学设计案例

★ 在讲解自感和互感时，介绍美国科学家约瑟夫·亨利和英国科学家迈克尔·法拉第，他们最伟大的贡献就是发现了电磁感应现象。通过介绍两位科学家在电磁学领域和其他领域为科学发展作出的贡献，激励学生树立远大志向，引导学生为实现理想要不畏困难，勇于攀登科学高峰。

具体教学设计如下：

首先，教师通过一道选择题向学生提出问题：电磁感应定律是谁总结得出的？

A. 奥斯特　　　B. 亨利　　　C. 法拉第　　　D. 麦克斯韦

由于学生已经学习过"法拉第电磁感应定律"，所以多数学生都能选出正确答案 C。然后，指出著名的电磁感应定律是法拉第受丹麦科学家奥斯特的启发，经过不断实验、探索，多次改进总结得出的。以此让学生认识到，进行科学研究必须敢于尝试，同时还需要阅读文献资料、进行科学实验。科学研究是对未知领域的挑战，困难、挫折和失败都是不可避免的，从事科学研究要具有实践精神和必胜信心，要有"坐得起冷板凳"的心理准备，不能急功近利或半途而废。

教师继续向学生提出问题：互感的国际单位是什么？引导学生从含有耦合电感电路的电压、电流关系进行思考。互感的国际单位和自感的国际单位都是亨利，这一单位是以美国科学家约瑟夫·亨利的名字来命名的。因为亨利和法拉第同时期发现了电磁感应现象，所以用两人的名字分别命名了电磁感应定律和电感的国际单位。两位杰出的科学家在电磁学领域作出了巨大贡献，他们都为了自己的理想不放弃任何机会。以此引导学生要有理想抱负，不畏困难，勇于攀登科学高峰，同时也要让学生认识到，在科学探索的道路上，要注重学科交叉，深入挖掘各学科之间的联系。

★ 在讲解耦合电感的功率后，引导学生了解设计电路的基本思想，同时培养学生的文献阅读能力，例如推荐学生阅读文献《基于耦合电感的高功率密度高增益 DC/DC 变换器》，并组织小组交流，分享心得。

具体教学设计如下：

结合含有耦合电感电路的例题，向学生讲授耦合电感是如何进行功率传输的，通过对耦合功率中的有功功率和无功功率进行分析，明确互感在功率转换和传输中的作用。由于理解本知识点具有一定的难度，因此需要结合例题来引导学生对复功率的转换和传输做进一步分析，以帮助学生更好地掌握知识点。另外，还需要指导学生课后阅读文献《基于耦合电感的高功率密度高增益 DC/DC 变换器》，以此加深学生对耦合电感电路工作原理的理解，同时培养学生的文献阅读能力，让学生了解 DC/DC 变换器具有元器件少、开关管电压应力低、电压增益和工作效率高等性能特点。

十一、电路的频率响应

1. 知识与能力培养目标

电路的频率响应一章以角频率 ω 为变量来分析电路的频率特性，主要介绍各类网络函数，RLC 串联、并联谐振及二阶网络函数的频率特性，并介绍波特图和滤波器。

具体培养目标如下：

(1) 掌握网络函数的定义和分类；

(2) 掌握谐振的定义、发生条件及谐振方式；

(3) 掌握 RLC 串联谐振电路的特点、串联谐振的品质因数、串联谐振时的功率和能量的关系；

(4) 理解 RLC 串联电路的频率响应和谐振电路的选择性；

(5) 掌握 RLC 并联谐振电路的特点、并联谐振的品质因数、并联谐振时的功率和能量的关系；

(6) 了解波特图，了解滤波器的工作原理。

2. 课程思政元素挖掘及教学设计案例

★ 由生活中的共振现象引入谐振现象，讲解各类谐振发生的条件、实现谐振的方式和谐振的特点。谐振现象是电学历史上最伟大的发现之一，它促进了电磁波的发现。学习了谐振现象的应用后，还可以举例说明谐振现象带来的危害，引导学生要一分为二地看待问题。

具体教学设计如下：

首先教师从生活中的共振现象(乐器发声、桥梁振动等)出发，指出由电阻、电容和电感元件组成的电路也存在谐振，如用收音机收听校园广播，利用的就是电路的谐振原理。然后提出问题：满足什么样的条件才会出现谐振现象？在讲授谐振条件、实现谐振的方法后，再对谐振发生时的电路特点、功率、能量进行分析，并给出谐振电路的例题。

在完成以上教学后，给学生指出，利用谐振原理虽然促进了很多电学领域关键技术(如无线通信、广播和长途电话技术)的发展，但有时也需要避免谐振的发生，例如避免谐振时出现的过电压或者过电流现象。最后进行总结，指出凡事均有两面性，要用一分为二的哲学观点看问题，对事物好的一面可以加以应用，而对坏的一面则要根据所学的相关科学知识进行判断和设计，避免其发生。进一步引申出：① 与人相处的时候，既要看到别人的短处，也要看到别人的长处，尺有所短，寸有所长，大家要相互学习；② 世界上没有绝对的坏事，也没有绝对的好事，不能被表面现象所迷惑，要增强辩证思维能力。

★ 根据滤波器的分类，介绍滤波器在电路中的诸多应用。在直流稳压电源的整流模块中，直流稳压电源的工作过程分为变压、整流、滤波、稳压四大模块，其中变压和滤波模块是本课程学习的知识。学生在学习了本课程的专业知识后，应能进行简单的电路设计，将理论运用于实践中，同时建立起本课程知识点和后续课程知识点之间的联系，学会用联系的观点看待问题。

具体教学设计如下：

首先教师提出以下问题，引导学生进行分组讨论：

(1) 日常用的电子设备使用的是交流电还是直流电？

(2) 我国电网提供的电压是交流电还是直流电？

(3) 我国规定的工频标准是多少？

通过小组讨论，学生会得到以上问题的回答：我国电网提供的是工频 50 Hz 的交流电，而日常用的电子设备使用的是稳定的直流电。

继续引导学生讨论：如何将 220 V、50 Hz 的交流电变为电子设备所需要的直流电？学生讨论后，教师给出答案：要将交流电变成稳定的直流电，除进行变压外，还需要整流(改变方向)、滤波(滤除整流之后的脉动电压成分)和稳压。其中变压和滤波是本课程学习的内容，整流和稳压是后续课程要学习的内容。以此引导学生，在学习专业课时，不能把每门专业课看作是孤立的，要通过建立不同专业课知识点之间的关联关系，达到学以致用的目的。

十二、三相电路

1. 知识与能力培养目标

三相电路一章主要对三相电路进行分析。三相电路包括对称三相电路和不对称三相电路。本章重点讨论对称三相电路，内容包含对称三相电源，对称三相电路的组成，电压、电流的相值和线值之间的关系，着重阐述对称三相电路的分析方法(三相归一分析法)，以及不对称三相电路的分析方法(中性点位移分析法)，最后介绍三相电路的功率测量方法。

具体培养目标如下：

(1) 掌握三相电路的组成、四种连接方式及相互转化方法；

(2) 掌握在 Y 和△连接下电源和负载的线电压(电流)、相电压(电流)等；

(3) 掌握对称三相电路的三相归一分析法、不对称三相电路的中性点位移分析法；

(4) 掌握三相电路功率的各种计算方法。

2. 课程思政元素挖掘及教学设计案例

★ 在学习三相电路时，教师首先强调注意事项，然后指出对称三相电路的分析方法是三相归一分析法，即通过等效变换，将三相电路转换为单相电路进行计算，再利用对称性，将单相电路的计算结果应用于其余两相，以此培养学生“变则通，通则达”的哲学思想。

具体教学设计如下：

首先教师讲解由对称电源、对称负载和对称输电线组成的对称三相电路，然后引导学生对对称三相电路进行分析。通过结点电压法，可知电源中性点和负载中性点之间是等电位，因而可以将电源中性点和负载中性点之间看作短路。短路后的导线可以和每相电源组成单相电路，而单相电路的计算方法已经学习过，可以直接使用。教师指出：不需要对三个单相电路分别计算，可以根据三相电路的对称性，将 A 相的计算结果应用于 B 相和 C 相，即三相归一分析法。通过三相归一分析法可以引出“变则通，通则达”的哲学思想，引导学生遇到问题时要积极思考，懂得变通，要用发展的、辩证的眼光看待问题、解决问题，培养学生的创新意识。

★ 通过学习三相电路的工作原理，培养学生规范操作的好习惯，以及崇高的职业道德和严谨认真的工作责任心。

具体教学设计如下：

首先教师指出三相电路是实际生活中经常使用的电路，提醒学生要学以致用，注意如何进行实际电路设计。然后引导学生进行小组讨论：① 总结使用三相电路的注意事项；② 搜集由于操作不规范而造成人员伤亡和财产损失的案例。最后教师总结使用三相电路的注意事项，指出操作不规范会造成严重的人员伤亡和经济损失，强调在今后的学习、工作中，学生一定要养成严谨的科学态度和规范操作的好习惯。此外，还可以通过资料了解我国在三相电路发电、输电和配电方面取得的巨大成就，激发学生的学习热情以及立志为国家电力事业作出贡献的爱国情怀。

第 2 章
“模拟电子技术基础”课程思政教学指南

2.1 “模拟电子技术基础”课程总论

1. “模拟电子技术基础”课程简介

“模拟电子技术基础”课程是电子技术方面的入门基础课，是一门实践性很强的课程，主要研究模拟电路的基本概念、基本原理、基本分析和设计方法。该课程一般在大学一年级下学期或二年级上学期开设。前期要学习的基础课程有“高等数学”“电路分析”，后续课程有“数字电子技术基础”“高频电子线路”“通信原理”和“集成电路设计”等。

2. “模拟电子技术基础”课程的教学体系结构

“模拟电子技术基础”课程由理论课和实验课组成，采用理论与实践紧密结合的教学体系。

3. “模拟电子技术基础”课程的教学目标

1) 知识与能力教学目标

本课程的主要教学内容包括常用半导体器件、基本放大电路、多级放大电路、集成运算放大器、反馈电路、放大电路的频率响应、信号的运算与处理、波形发生转换电路、功率放大电路和直流电源电路。通过理论教学和实验训练，学生能够获得模拟电子技术方面的基础知识、基本理论和基本技能；能够具有继续深入学习和运用电子技术新知识的能力；能够掌握模拟电路的基本分析方法和基本实验技能，为学习后续课程打下基础。通过本课程的学习，学生应：

(1) 掌握常用半导体器件的基本工作原理、特性和主要参数，能正确使用半导体器件设计基本电路；

(2) 掌握放大电路、反馈电路、运算电路、功率放大电路等功能电路的组成、工作原理、性能和应用；

(3) 会正确使用集成运算放大器，掌握由运算放大器组成的各种功能电路，能运用基本功能电路设计出满足要求的复杂电路；

(4) 能理解放大电路的频率响应；

(5) 初步具备模拟电子电路读图能力。

2) 课程思政教学目标

在教学过程中，应采用适当的教学方式，实现以下课程思政教学目标：

(1) 在深刻理解模拟电路工作原理的基础上，从适用的角度出发，使学生学会用全面、辩证的思维方式和科学、严谨的态度来分析问题、解决问题；

(2) 在掌握各种功能电路设计方法的基础上，注重强化学生的工程伦理教育；

(3) 在电路的设计和制作过程中，培养学生精益求精的大国工匠精神；

(4) 从模拟集成电路的制作工艺出发，培养学生的忧患意识、家国情怀和使命担当；

(5) 在设计复杂模拟电路的基础上，培养学生的创新能力；

(6) 了解模拟电子技术的前沿发展，培养学生的全球视野，提升学生思考问题的格局。

4. 常用专业教材

采用清华大学电子学教研组编写的《模拟电子技术基础(第五版)》(高等教育出版社出版)。该教材多年来不断更新修订，目前已成为国内大学常用的教材。全书以绪论开篇，以模拟电子电路读图结尾，力图使学生从电子系统的高度认识电路，以便学以致用；从设计的角度讲述部分电路，再现器件—电路—方法的获得过程，体现科学的思维方法；从结构的角度阐明基本电路，使学生掌握其原理和特点，能够举一反三；从具体电子电路应用的局限性入手，引导学生建立重构电路的思路，培养学生发现问题、研究问题和解决问题的能力。

2.2 “模拟电子技术基础”课程思政教学设计案例

一、绪论

1. 知识与能力培养目标

绪论部分着重介绍电信号的概念、电子信息系统的组成以及“模拟电子技术基础”课程的特点和学习本课程的方法，最后介绍两种常用的设计软件，为后续各类专业课的学习奠定基础。

具体培养目标如下：

(1) 掌握电信号的概念及表示方法；

(2) 了解电子信息系统的组成及组成原则；

(3) 了解本课程的特点和学习本课程的方法。

2. 课程思政元素挖掘及教学设计案例

★ 教师在讲解模拟电子线路的设计与选择时，引导学生从全面的、辩证的角度分析问题和解决问题，培养学生的全局观和辩证思维。

具体教学设计如下：

在讲解如何分析模拟电子电路时可指出，根据实际需求，从适用的角度来说，没有最好的电路，只有最合适的电路，或者说在某一应用场合中最合适的电路才是最好的电路。“最合适”是针对各种约束条件提出的，如环境、现有元件、造价等。在改善电路某方面性能而采用某种措施时，首先必须明确这种措施是否改变了其他参数，是否允许发生这种变化？一个电子电路就是一个系统，各环节的性能是相互联系、相互影响的，不能顾此失彼，以此从系统的角度培养学生的全局观和辩证思维。最后，还要强调本课程具有工程性和实践性的特点，这些特点要求解决问题不能纸上谈兵，而要不断实践、改进、再实践、再改进，以此培养学生理论与实践相结合的科学素养。

二、常用半导体器件

1. 知识与能力培养目标

常用半导体器件一章首先介绍半导体的基础知识，然后重点介绍半导体二极管、晶体管(BJT)和场效应管(FET)的工作原理、特性曲线和主要参数，最后介绍器件内部结构及载流子的运动情况和器件的外特性。

具体培养目标如下：

(1) 熟悉自由电子与空穴、扩散与漂移、复合、空间电荷区、PN 结、耗尽层、导电沟道等概念，了解二极管的单向导电性、稳压管的稳压作用、晶体管和场效应管的放大作用，了解三个工作区域的定义、概念与原理；

(2) 掌握二极管、稳压管、晶体管、场效应管的工作原理、外特性和主要参数；

(3) 了解选用器件的原则。

2. 课程思政元素挖掘及教学设计案例

★ 半导体基础知识是集成电路的基础。教师可以从“瓦森纳协定”对中国半导体行业的影响入手，挖掘思政元素，培养学生的忧患意识、家国情怀和责任担当。

具体教学设计如下：

学习完场效应管的工作原理后，半导体器件的基本知识就全部学习完毕。此时，教师可以用专题讨论的形式开展课程思政教育。在课前给学生布置作业，作业内容如下：查阅“瓦森纳协定”的相关内容，以“瓦森纳协定”对中国半导体行业的影响为主题展开小组讨论，每个小组选出代表上台发言，分享讨论结果。“瓦森纳协定”实际上完全受美国控制，由于中国不是“瓦森纳协定”的成员国，当“瓦森纳协定”的某一成员国拟向中国出口某项高新技术时，美国可能会直接出面干涉。美国等西方国家针对中国采取的技术出口管制，极大地影响了中国半导体技术的发展。通过以上讨论，学生会自觉地将家国情怀、忧患意识、责任担当等精神元素内化于心、外化于行，达到课程思政教学目标。

★ 在讲授半导体材料的光敏性和热敏性时，教师可以从半导体材料的两面性特点入手，挖掘思政元素，培养学生的唯物辩证思维。

具体教学设计如下：

在讲解了半导体器件的基本知识后可指出，半导体器件对光照、温度十分敏感，即半导体材料具有光敏性和热敏性，以此引导学生要认识到事物的多面性。半导体材料性能造成普通半导体器件的温度稳定性变差，但利用半导体材料性能对温度的敏感性，可制成光敏器件和热敏器件，由此引导学生用哲学的辩证思维方式思考问题。例如手机的出现给我们的生活带来了极大的便利，为我们的学习提供了很多的机会，但同时很多人又沉迷手机，荒废时间。作为社会主义的建设者和接班人，青年学生要养成良好的生活习惯和学习方式。

★ 在讲解晶体管放大作用时指出，基极电流的变化是引起集电极电流变化的根本原因，以此引出现象与本质的关系，培养学生科学的辩证思维，激发学生学习的主观能动性。

具体教学设计如下：

当发射结正向偏置且集电结反向偏置时，晶体管具有电流放大作用。教师可采用动画的形式演示基极电流对集电极电流的控制作用，以得出晶体管的电流放大作用，然后总结：集电极电流放大是现象，其本质是基极电流变化，本质决定现象，现象是由本质引起的。以此引导学生要透过现象看本质，培养学生的科学思辨能力；引申到学生的学习习惯上，只有发挥主观能动性，才能最大限度地利用现有良好的学习环境和条件，取得巨大的成就。

三、基本放大电路

1. 知识与能力培养目标

基本放大电路一章主要介绍放大电路的基本概念、组成原则、主要性能指标和分析方法，重点介绍晶体管与场效应管组成的基本放大电路的三种接法，简要介绍基本放大电路的派生电路。

具体培养目标如下：

(1) 掌握基本概念和定义，包括放大作用、静态工作点、饱和失真和截止失真、直流通路和交流通路、直流负载线和交流负载线、h 参数等效模型、放大倍数、输入电阻和输出电阻、最大不失真输出电压、静态工作点等；

(2) “会看”，即会根据结构判断电路的基本接法，掌握组成放大电路的原则、各种放大电路的工作原理和特点；

(3) “会算”，即掌握放大电路的分析方法，能够正确估算基本放大电路的静态工作点

和动态参数 A_u、R_i 和 R_o，正确分析电路的输出波形和产生截止失真、饱和失真的原因；

(4) “会选”，即能够根据需求选择电路的类型，根据对静态工作点和动态性能的要求选择放大管的种类和部分电路参数；

(5) 了解稳定静态工作点的必要性及稳定方法。

2. 课程思政元素挖掘及教学设计案例

★ 由放大电路的工作原理可知，输入信号中既有直流成分，又有交流成分，交流量与直流量共存。通过学习交流电和直流电的发展历程，使学生了解电力系统的发展及应用，培养学生尊重科学规律、尊重客观规律的科学思维。

具体教学设计如下：

在电子电路中，放大的对象是变化的量，即交流信号；而放大的本质是在输入信号的作用下，通过三极管等有源器件对直流电源的能量进行控制和转换。交流信号是叠加在直流信号之上传输的。教师可以通过知识、故事相结合的方式，引出“交直流之争”的历史故事，让学生用几分钟时间通过手机查阅相关内容。爱迪生发明了直流发电机后，他的电气照明公司在 1882 年安装了三台直流发电机，随后电力技术在通信、运输、动力等方面逐渐得到广泛应用。但随着社会需求急剧增大，直流输电的弊端日益明显，限制了电力的应用，这促使人们开始研究交流输电问题。现代电力系统均采用交流输电，减小了输电线路的热损，也大大提高了传输效率。通过这个故事，使学生理解和尊重科学规律、客观规律，培养其坚持真理、追求真理的科学品质。

★ 在分析放大电路工作原理时，一般都用等效电路法，即将非线性器件采用理想模型进行化简，不同的应用场合采用不同的等效模型。由此可以引申出，在处理复杂事物时，可以化繁为简，抓住事物的主要矛盾，以此培养学生的辩证思维能力。

具体教学设计如下：

晶体管电路分析的复杂性在于其非线性特性，如果能在一定条件下用线性电路来描述其非线性特性，建立线性模型，就可以用分析线性电路的方法来分析晶体管电路。对于不同的应用场合，同一只晶体管有不同的等效模型，在分析静态工作点时要用到直流模型，在分析小信号输入时要用到 h 参数等效模型。以此启发学生做事情、想问题时，要具体问题具体分析，不能一概而论；要抓住主要矛盾，根据事情的不同情况采取不同的措施。以此培养学生的唯物辩证思维，引导学生养成正确的科学观。

★ 在讲解放大的概念时，从放大的本质和前提切入，挖掘思政元素，培育学生的良好品格。

具体教学设计如下：

首先，教师讲解放大的概念。放大的本质是对直流电源能量进行控制和转换，使负载从电源中获得的输出信号能量比信号源向放大电路提供的能量大得多。因此放大的特征是功率放大，表现为输出电压大于输入电压，或输出电流大于输入电流，或两者兼而有之。在讲解过程中要提醒学生注意，放大的前提是不失真，如果输出波形失真，就谈不上放大。教师可用例子引导学生：一棵石榴种子放在花盆里、缸里、庭院空地里栽种，会有三种不同的结局。然后让学生用智慧教学工具的弹幕形式将自己的想法表达出来。最后教师进行总结：同学们要放大格局，成就梦想，首先要明白什么是格局。格局是指一个人的眼光、胸襟、胆识等心理要素的内在布局。你的格局有多大，你的舞台就有多大。放大你的格局，你的人生将不可思议！以此将良好的品格润化于学生心中，培育学生积极的人生观，拓宽学生的视野。

四、集成运算放大电路

1. 知识与能力培养目标

集成运算放大电路一章首先介绍多级放大电路的耦合方式和分析方法，然后重点介绍集成运放的结构特点、电路组成、电压传输特性，进而分析组成运算放大器的差分放大电路、电流源电路、互补输出级电路，最后简要介绍集成运放内部电路的工作原理、主要性能指标、种类及使用方法等。

具体培养目标如下：

(1) 掌握零点漂移与温度漂移、共模信号与共模放大倍数、差模信号与差模放大倍数、共模抑制比、差模输入电阻、失调电压与失调电流、−3 dB 带宽等概念及定义；

(2) 掌握四种耦合方式的优缺点，能够正确估算多级放大电路的放大倍数和输入/输出电阻；

(3) 熟悉集成运放的组成及各部分的作用，正确理解主要指标参数的物理意义及使用注意事项；

(4) 理解差分放大电路的组成和工作原理，掌握静态和动态参数的分析方法，了解电流源电路的工作原理，掌握互补输出级的正确接法和输入/输出关系。

2. 课程思政元素挖掘及教学设计案例

★ 多级放大电路级与级之间的连接方式称为耦合方式。本章主要学习四种耦合方式：直接耦合、阻容耦合、变压器耦合、光电耦合。每种耦合方式都有各自的优点。从“耦合”知识点入手，可以培养学生的团队协作精神。

具体教学设计如下：

可采用任务驱动方式开展教学。首先将多级放大器级与级之间的连接方式以表格的形式呈现出来，同时呈现各种方式的优点。让学生搜集各种资料，总结不同连接方式的特点及应用，然后共同讨论。最后教师总结如下：直接耦合方式存在温漂问题，但低频特性好，能放大缓慢信号，便于集成；阻容耦合方式低频特性差，不利于集成，但级与级之间的静态工作点不相互影响；变压器耦合方式能实现阻抗变换，输出功率较大；光电耦合方式具有电气隔离作用，抗干扰能力强，适用于信号隔离或远距离传送。

在教学中，教师指出：两个或两个以上的电路构成一个网络时，若其中某一电路中电流或电压发生变化，会影响到其他电路中电压或电流的变化，耦合的作用就是把某一电路的能量输送到其他电路中。由此引申出，个体与个体之间只有配合得好，整体才能发挥最大的作用，从而培养学生的团队协作精神。

★ 多级放大电路的放大倍数是组成它的各级的放大倍数的乘积，由此引出个人与集体的关系，进一步培养学生的社会责任感和家国情怀。

具体教学设计如下：

求解多级放大电路的放大倍数时，需要将每一级的放大倍数都求出。在求解过程中，要注意各级之间的相互影响，将后级电路的输入电阻作为前级电路的负载，将第一级电路的输入电阻作为多级放大电路的输入电阻，那么输出电阻就是末级输出电阻；然后将求出的各级放大倍数相乘，即为该多级放大电路的放大倍数。教师可以引用歌词“一支竹篙呀，难渡汪洋海；众人划桨哟，开动大帆船。”告诉学生，干事创业要形成共识，凝聚大家的智慧和力量一起干，方可抵达成功的彼岸。

★ 互补输出电路在零输入零输出时，输出正、负方向对称，双向跟随，具有很强的带负载能力。可以从“互补”性入手，强调团队精神。

具体教学设计如下：

在设计电压放大电路的输出级时一般有两个要求：一是输出电阻低，二是不失真输出电压尽可能大。在以前学过的各种基本放大电路中，共集放大电路可满足这两个要求，但它带上负载后静态工作点会发生变化，且不失真输出电压也会减小。为满足这两个要求，并且做到输入电压为零时输出电压也为零，可采用双向跟随的互补输出级电路。双向跟随的互补输出级电路通过两种三极管互为补充，共同实现功率放大的功能。以此类比于个人与团队的关系，每个人的优势都是有限的，只有把自己的优势和别人的优势结合起来，才能更加有效地完成任务，以此培养学生的团队精神。

五、放大电路的频率响应

1. 知识与能力培养目标

放大电路的频率响应一章主要介绍频率响应的基本概念、晶体管与场效应管的高频等效模型及放大电路频率响应的分析方法。

具体培养目标如下：

(1) 掌握上限频率、下限频率、通频带、波特图、增益带宽积等概念；

(2) 能计算只含有一个时间常数的放大电路的上限截止频率和下限截止频率，并能画出电路的波特图；

(3) 了解多级放大电路频率响应与组成它的各级电路频率响应间的关系。

2. 课程思政元素挖掘及教学设计案例

★ 频率响应用于描述放大电路对不同频率信号的适应能力。当输入信号的频率太高或太低时，放大电路的性能会有所变化。从频率响应概念入手，引出内因和外因、顺境或逆境的辩证关系，以此引导学生树立积极向上的人生观。

具体教学设计如下：

首先，教师讲解在放大电路中，由于耦合电容的存在，对信号构成了高通电路，即对于频率足够高的信号，电容相当于短路，信号几乎毫无损耗地通过；而当信号频率低到一定程度时，电容的容抗不可忽略，信号将产生压降，从而导致放大倍数减小且产生相移。与耦合电容相反，半导体管极间电容的存在，对信号构成了低通电路，即对于频率足够低的信号相当于开路，对电路不产生影响，而当信号频率高到一定程度时，极间电容将分流，从而导致放大倍数减小且产生相移。然后，引导学生思考：放大电路的放大过程，就像我们的人生，而高频信号和低频信号，就像是人生的顺境和逆境。电路中不同位置的电容是影响放大电路性能的内因。无论顺境还是逆境，外因都必须通过内因才能起作用。学生在个人成长过程中，应把内因和外因结合起来，正确看待顺境与逆境的关系。身处顺境时，应头脑清醒；遇到逆境时，不悲观，不消沉，以坚强毅力迎接各种困难与挑战。以此教育学生树立积极向上的人生观。

★ 在讲解采用放大管的高频等效模型对放大电路的频率响应时，可先分别介绍晶体管和场效应管的高频等效模型，并将其与晶体管和场效应管的低频等效模型进行对比，以此培养学生的辩证思维能力和科学素养。

具体教学设计如下：

从晶体管的物理结构出发，考虑发射结与集电结电容的影响，得到在高频信号作用下的物理模型，称为混合 π 型等效模型。由于场效应管各极之间同样存在极间电容，因此高频响应与晶体管类似。此时，可使用引申教学法，让学生回顾 h 参数等效模型，再提出问题：晶体管与场效应管的 h 参数等效模型在高频信号下还适用吗？为什么？然后让学生分组讨论，每个小组发表自己的讨论结果，教师归纳总结。最后让学生分别画出 h 参数等效模型和混合 π 型等效模型。教师继续总结并提问：不同的条件下，为解决不同的问题，应构造不同的等效模型。不同的等效模型研究的各是什么问题？在什么条件下，哪些参数可以忽略不计？以这种层层深入的方式培养学生分析问题、解决问题以及处理工程问题的能力。

六、放大电路中的反馈

1. 知识与能力培养目标

放大电路中的反馈一章是“模拟电子技术基础”课程的重点，也是难点。本章主要介绍了反馈的基本概念、负反馈放大电路的方框图及一般表达式、负反馈对放大电路性能的影响和放大电路稳定性的问题，还介绍了反馈的判断方法、深度负反馈条件下放大倍数的估算方法、根据需要正确引入负反馈的方法、负反馈放大电路稳定性的判断方法和自激振荡的消除方法等。

具体培养目标如下：

(1) 正确判断电路中是否引入反馈以及引入反馈的极性，即“会判”；

(2) 理解反馈放大电路放大倍数在不同反馈组态下的物理意义，并能估算深度负反馈条件下的放大倍数，即“会算”；

(3) 掌握负反馈对放大电路性能的影响，并可以根据需要引入反馈，即“会引”；

(4) 理解产生自激振荡的原因，并了解消除自激振荡的方法，即“会判断，会消除”。

2. 课程思政元素挖掘及教学设计案例

★ 反馈是指用输出量的一部分或全部以一定形式影响输入信号。反馈的影响有两种：增强输入信号的作用或减弱输入信号的作用。可以通过对反馈作用的分析培养学生的辩证思维和科学素养。

具体教学设计如下：

反馈又称为回馈，是现代科学技术的基本概念之一。在电子电路中，将输出量(输出电压或输出电流)的一部分或全部以一定电路形式作用到输入回路，用来影响输入量(放大电路的输入电压或输入电流)的措施称为反馈。教师可采用类比教学法进一步说明反馈机制在各行业中的应用。例如：在行政管理中，对执行部门工作效果(输出)进行调研，为修订政策(输入)提供依据；在商业活动中，根据商品销售调研(输出)结果调整进货渠道及进货数量(输入)；在控制系统中，对执行机构偏移量(输出量)进行监测，以此修正系统的输入量。还可以让学生再举出生活中的例子，加深理解原因对结果的作用以及结果对原因的反作用，以此培养学生的辩证思维和逻辑思维。

★ 负反馈放大电路的组态中有电压反馈或电流反馈，区分这两种反馈需要从基本原理进行分析，由此培养学生的辩证思维能力和实践能力。

具体教学设计如下：

首先提问：什么是电压反馈，什么是电流反馈？然后教师讲解，反馈量若取自输出电压，则称为电压反馈；若取自输出电流，则称为电流反馈。最后给出判断电压反馈与电流反馈的方法：令反馈放大电路的输出电压为零，若此时反馈量也为零，则表明电路引入了电压反馈；若此时仍然存在电流，则说明电路引入了电流反馈。进一步可以指出：内因是根本原因，只有找到了根本原因，才能从源头上解决问题。

★ 反馈回路中信号的流向与放大回路中信号的流向相反。由此引出在逆境中砥砺前行的英雄人物(如钱学森、袁隆平等当代科学家)，培养学生的民族精神和责任担当。

具体教学设计如下：

反馈回路中的信号是从输出到输入，而放大回路中的信号则是从输入到输出，只有在电路中加入了负反馈，放大倍数的稳定性才能提高，频带展宽，非线性失真减小。可以让学生思考，在人生的逆境中要坚守初心，勇担使命。

七、信号的运算和处理

1. 知识与能力培养目标

信号的运算和处理一章主要介绍基本运算电路和有源滤波电路。其中，基本运算电路包括比例、加减、乘除、积分、微分、对数和指数等各种运算电路，其运算关系的分析方法有结点电流法和叠加原理。运算电路研究时域问题；有源滤波电路研究频域问题，一般由 RC 网络和集成运放组成，主要用于小信号处理。

具体培养目标如下：

(1) 能够识别运算电路；

(2) 掌握基本运算电路输出电压和输入电压运算关系的分析方法；

(3) 能够根据需求选择电路类型和电路参数；

(4) 正确理解 LPF、HPF、BPF 和 BEF 的组成及特点，能够识别滤波电路，能够根据需要选择滤波电路；

(5) 了解干扰和噪声的来源及抑制方法。

2. 课程思政元素挖掘及教学设计案例

★ 叠加定理是线性电路的一种重要分析方法，在由多个线性电阻和多个电源组成的线性电路中，任何一个支路中的电流(或电压)等于各个电源单独作用时在此电路所中产生的电流(或电压)代数和。以此引申出中国特色社会主义建设需要我们共同努力，增强学生的爱国主义情怀和建设有中国特色社会主义的使命感。

具体教学设计如下：

以案例教学法展开，在讲解求和运算电路时，首先以例题形式让学生计算三个输入电压源各自单独作用时的输出电压值，然后利用叠加定理，将这三个输出电压值相加，得到最终的输出电压值。最后引导学生：我国辽阔的疆域是各民族共同开拓的，我国悠久的历史是各民族共同书写的，灿烂的中华文化是各民族共同创造的，中华民族伟大的精神是各民族共同培育的，实现中华民族的伟大复兴，需要各族人民手挽手、肩并肩，共同努力，以此培养学生的爱国主义情怀。

★ 有源滤波电路是指能够选择信号频率的电路，其功能是使特定频率范围内的信号通过，而阻止其他频率的信号通过。以此引申出，学生在日常生活中要从大量信息中筛选对自己有用的信息，屏蔽无用信息，养成良好的学习习惯。

具体教学设计如下：

滤波器是根据滤波电路的工作频段进行命名的，分为低通滤波器、高通滤波器、带通滤波器、带阻滤波器和全通滤波器。滤波电路若仅由无源器件构成，则称为无源滤波器；若由无源器件和有源器件共同组成，则称为有源滤波电路。滤波器在设计和应用时，应根据有用信号、无用信号和干扰等所占的频段来合理选择。以此引申出，在当前的大数据时代、信息爆炸时代，要在海量的信息中获取有价值的信息，同时还要避免被无用信息干扰，并保护自己的个人信息，需要学生具有一定的判断能力和辩证思维能力。

八、波形的发生和信号的转换

1. 知识与能力培养目标

波形的发生和信号的转换一章主要介绍正弦波振荡电路、非正弦波振荡电路、波形转换电路和信号转换电路。在正弦波振荡电路中，主要介绍选频网络和三种正弦波振荡电路的优缺点。电压比较器是矩形波振荡电路的重要组成部分，其他非正弦波发生电路均是由矩形波发生电路变换而成的。最后还介绍了几种信号处理电路。

具体培养目标如下：

(1) 掌握电路产生正弦波振荡的幅值条件和相位条件，以及 RC 桥式正弦波振荡电路的组成和工作原理；

(2) 了解变压器反馈式、电感反馈式、电容反馈式正弦波振荡电路和石英晶体正弦波振荡电路的工作原理，理解振荡效率与电路参数的关系；

(3) 理解典型电压比较器的电路组成、工作原理和性能特点；

(4) 理解由集成运放构成的矩形波、三角波和锯齿波发生电路的工作原理及其波形分析和有关参数；

(5) 了解信号转换电路的工作原理。

2. 课程思政元素挖掘及教学设计实例

★ 正弦波振荡电路的振荡原理与负反馈产生自激振荡的原理不同，在正弦波振荡电路中必须有选频网络。以此培育学生对社会主义道路的认同感和家国情怀。

具体教学设计如下：

首先，引导学生回顾负反馈放大电路中的自激过程，得到结论：负反馈引起自激，自激频率除了取决于电路中的电阻和电容外，还取决于晶体管的极间电容、电路的分布等不确定的因素。然后提问：为什么正弦波振荡电路中必须要有选频网络？让学生先讨论再回答。反馈放大电路要作为信号源，在正弦波振荡电路中就必须引入正反馈，且外加选频网络，使振荡频率人为可控，这是与负反馈引起自激振荡的显著区别。最后引申出，爱国主义是中华民族精神的核心，要将个人命运同祖国命运联系在一起，同频共振，全身心投入到社会主义现代化强国建设之中，以此在教学过程中激发学生爱党爱国的情怀。

★ 正弦波振荡电路、波形变换电路、信号转换电路都有很多种类型，引导学生进行归纳总结，培养良好的学习习惯和科学素养。

具体教学设计如下：

正弦波振荡电路根据选频网络所用元件不同，可分为 RC 电路、LC 电路和石英晶体等，让学生用列表方式对这几种电路的优点、效率计算方法进行归纳总结，然后对三种电压比较器的阈值及跃变次数，方波、三角波、矩形波的变换法，以及交流-直流、电压-电流、电流-电压及电压-频率转换电路等进行归纳总结，以此培养学生良好的学习习惯和科学素养。

★ 精密整流电路用于将交流电压变为直流电压。让学生课后查阅整流技术的前沿资料，深入理解整流电路的技术指标，以此扩宽学生视野，培养学生精益求精的工匠精神。

具体教学设计如下：

精密整流电路的功能是将微弱的交流电压转换成直流电压，输出保留输入电压的形状，仅仅改变输入电压的相位；当输入为正弦波时，可分为半波整流和全波整流。可以让学生课后查阅整流技术相关的前沿资料，并对比各种整流电路的关键参数，然后以专题讨论的形式开展教学，培养学生的信息素养和精益求精的工匠精神。

九、功率放大电路

1. 知识与能力培养目标

功率放大电路一章主要介绍功率放大电路的组成和工作原理、最大输出功率和效率的估算，以及集成功放的应用。低频功率放大电路主要介绍变压器耦合乙类推挽电路、OTL 电路、OCL 电路和 BTL 电路。此外还介绍了集成功率放大电路的工作原理和内部保护电路。

具体培养目标如下：

(1) 掌握晶体管的甲类、乙类和甲乙类工作状态，以及最大输出功率和转换效率等概念；

(2) 理解功率放大器的组成原则，掌握 OCL 电路的工作原理，了解各种类型功率放大电路的特点；

(3) 了解功率放大电路最大输出功率和效率的分析方法以及功放管的选择方法；

(4) 了解集成功率放大电路的工作原理和内部的保护电路。

2. 课程思政元素挖掘及教学设计案例

★ 功率放大电路要求末级输出一定的功率，输出功率越大，电流消耗的直流功率及功放管消耗的功率也越大。以此可以进一步引入矛盾的普遍性，培养学生的辩证唯物主义思维。

具体教学设计如下：

在实用电路中，往往要求放大电路的末级输出一定的功率，以驱动负载。通常输出功率越大，电源消耗的功率就越大。从能量控制和转换的角度看，功率放大电路追求的是在电源电压确定的情况下，输出功率尽可能大，那么就必须减小直流电源的功耗和功放管的功耗。以此告诉学生，承认矛盾普遍性是一切科学认识的前提，矛盾存在于一切事物中，贯穿于一切事物发展过程的始终，但矛盾也有其特殊性，应具体问题具体分析，要全面看待问题，善于抓住重点。

★ 在功率放大电路中，功放管既要流过大电流，又要承受大电压，为了安全运行，功率放大电路必须加保护措施。以此引导学生面对压力时要冷静，学会正确释放压力，养成良好的个人生活习惯和积极向上的生活态度。

具体教学设计如下：

首先提问：功率放大电路中的功放管既要流过大电流，又要承受大电压，那么电流和电压过大时，会造成什么后果？引导学生探究产生上述问题的原因。从晶体管的输出特性可知，对于某一条输出特性曲线，当 c-e 间电压增大到一定数值时，晶体管将产生击穿现象，基极电流越大，击穿电压越低，这种击穿称为一次击穿。晶体管一次击穿后，集电极电流骤然增大，管压降却减小，若不加以限制，则会产生二次击穿。晶体管二次击穿后，性能将明显下降，甚至造成永久性损坏。所以功率放大电路必须加保护措施，以防止功放管出现过电压、过电流和过功耗的现象。只有找出根本原因才可以采取保护措施。在 c-e 间加稳压管，可以防止一次击穿，进而防止二次击穿，也可以给功放管加散热器。以此引导学生：随着生活节奏的加快，为了实现自己的人生目标，我们都会承受各种压力，轻微的压力有利于我们进步，但在面对过大的压力时，我们要学会调节自己的情绪，正确释放自己的压力，教育学生要有良好的生活习惯和积极向上的生活态度。

十、直流电源

1. 知识与能力培养目标

直流电源一章介绍直流稳压电源的组成，各部分电路的工作原理，各种不同类型电源电路的结构及工作特点、性能指标等。直流稳压电源由整流电路、滤波电路和稳压电路组成。常用的直流电源有集成稳压器、分立元件稳压电路以及开关型稳压电路。开关型稳压电路因为调整管的功耗小，所以电路效率高，但输出的纹波电压较大。

具体培养目标如下：

(1) 理解直流稳压电源的组成及各部分的作用；

(2) 能够分析整流电路的工作原理，估算输出电压及电流的平均值；

(3) 了解滤波电路的工作原理，能够估算电容滤波电路输出电压平均值；

(4) 掌握稳压管稳压电路的工作原理，能够合理选择限流电阻；

(5) 理解串联型稳压电路的工作原理，能够计算输出电压的调节范围；

(6) 了解集成稳压器和开关型稳压电路的工作原理及特点。

2. 课程思政元素挖掘及教学设计案例

★ 在讲解整流电路的工作原理和主要参数时，为了突出重点，可以简化分析过程，即对整流二极管、负载及变压器做简化处理。

具体教学设计如下：

分析整流电路首先需要知道电路的工作原理，确定整流二极管的极限参数。整流电路的前级即变压器，分析时需要将其假设为无损耗变压器，且内部压降为零。整流电路的后一级负载假定为纯电阻负载，并且整流二极管具有理想的伏安特性，即正向导通压降为零，反向截止电阻无穷大。由此引导学生在处理问题时，要善于抓住事物的本质，抓住事物的主流和核心，找准关键，才能较好地解决问题，培养学生良好的科学素养。

★ 在稳压管稳压电路设计中，确定电路元件参数是十分重要的一步。其中，限流电阻的阻值是使稳压管工作在稳压区的关键。

具体教学设计如下：

在由稳压二极管组成的稳压电路中，利用稳压管所起的电流调节作用，通过限流电阻 R 上电压或电流的变化对电路电压进行补偿来达到稳压的目的。限流电阻 R 是稳压电路必不可少的元件，且阻值的选择必须同时满足两个条件：一是稳压管流过的最小电流应大于稳压管的最小稳压电流；二是稳压管流过的最大电流应小于稳压管的最大稳压电流。R 的数值过大或过小，都会导致稳压电路不能正常工作。以此引导学生在学习和工作中都要遵守规范。

★ 集成稳压器电路内部有各种各样的保护电路。由此引申出国家的各种保护政策，培养学生的社会主义道路认同感和家国情怀。

具体教学设计如下：

教师讲解在集成稳压器电路内部通常都含有各种保护电路。例如：过流保护，保护调整管不会因电流过大而烧坏；调整管安全工作区保护，使调整管既不会因过电流而烧坏，也不会因过电压而击穿；芯片过热保护电路，防止长期过大电流引起结温超过允许值。由此引申出我国的各种保护政策，如针对环境保护、未成年人保护、土地保护、野生动物保护出台的各种政策等，都是为了全面推进社会主义建设。以此增加学生的民族自豪感，增强学生对社会主义道路的认同感和家国情怀。

★ 介绍开关型稳压电源发展历程及前沿技术，扩大学生的全球视野，培养学生的创新精神。

具体教学设计如下：

开关型稳压电源的发展依赖于半导体器件和磁性材料的发展。随着电子工业的发展，高频率、高耐压、大功率开关管问世。20 世纪 70 年代以来，无工频电源变压器的开关型稳压电源在世界各工业化国家中已普及，电路可直接从电网电压整流供电。开关型稳压电源以其功耗小、体积小、重量轻等优点而得到广泛的应用。近年来，开关电源技术不断有新的突破，出现了许多不同种类的开关型稳压电源。教师安排学生课后查阅相关资料，撰写报告，简述开关电源的发展历程以及前沿技术，以拓宽学生的视野，同时培养学生的创新精神。

十一、模拟电子电路读图

1. 知识与能力培养目标

模拟电子电路读图一章对模拟电路技术基础课程中介绍的基本电路和基本分析方法进行了汇总，介绍了电子电路读图的一般方法，并通过实例具体说明分析步骤。

具体的培养目标如下：

(1) 掌握基本读图方法；

(2) 提升学生的电路识别能力、电路性能评估能力和电子系统集成能力。

2. 课程思政元素挖掘及教学设计案例

★ 读图能力体现了学生对所学知识的综合应用能力。通过读图，可提高学生的电路性能评估能力、系统集成能力和系统设计能力，同时提升学生的高级思维能力和辩证思维能力。

具体教学设计如下：

在分析电子电路时，教师可以将整个电路分解成具有独立功能的几个部分，分别讲解每一部分电路的工作原理和主要功能，并分析各部分电路之间的联系，然后总结整个电路所具有的功能和性能特点，必要时进行定量估算(借助各种电子电路计算机辅助分析和设计软件)，最后总结读图步骤(了解用途，化整为零，分析功能，统观整体，性能估算)。通过讲解读图的整个过程，可以提高学生解决问题的能力，培养学生的高级思维能力。

第3章 “数字电子技术基础”课程思政教学指南

3.1 “数字电子技术基础”课程总论

1. “数字电子技术基础”课程简介

“数字电子技术基础”课程是电子信息类专业的基础课，具有很强的实践性，主要研究数字逻辑电路的基本概念、基本原理、基本分析方法和设计方法。本课程一般在大学一年级下学期或二年级上学期开设，前期要学习的基础课程有“高等数学”“电路分析”“模拟电子技术基础”等，后续课程有“高频电子线路”“通信原理”“集成电路设计”等。

2. “数字电子技术基础”课程的教学体系结构

“数字电子技术基础”课程由理论课和实验课组成，采用理论与实践紧密结合的教学体系。

3. “数字电子技术基础”课程的教学目标

1) 知识与能力教学目标

本课程的主要内容包括逻辑代数基础、逻辑门电路、组合和时序逻辑电路、半导体存储器、脉冲产生与整形电路以及A/D和D/A转换器。通过本课程的理论教学和实验训练，学生能够运用数字电子技术的基本概念和基本理论、分析方法和设计方法，解决复杂的与数字电路系统相关的工程问题，具备以下能力：

(1) 能够使用逻辑代数解决逻辑问题；

(2) 能够正确使用数字集成电路；

(3) 能够分析与设计数字逻辑电路；

(4) 能够正确使用数字逻辑电路系统的辅助电路。

2) 课程思政教学目标

在教学过程中，应采用适当的教学方式，实现以下课程思政教学目标：

(1) 在深刻理解逻辑电路工作原理的基础上，学会用辩证思维来分析问题、解决问题；

(2) 在掌握常用逻辑器件使用方法的基础上，注重强化学生的工程伦理教育；

(3) 在学习逻辑电路设计与制作的基础上，培养学生精益求精的大国工匠精神；

(4) 在了解集成芯片发展历程的基础上，培养学生科技报国的家国情怀，增强学生科技强国的使命担当；

(5) 在掌握较复杂逻辑电路设计的基础上，培养学生以改革创新为核心的时代创新精神；

(6) 了解数字电子技术前沿知识和国际发展趋势，正确认识我国集成电路的现状和发展方向，从而拓宽学生的全球视野，提升学生思考问题的格局。

4. 常用专业教材

本课程采用清华大学电子学教研组编写的《数字电子技术基础(第六版)》(高等教育出版社出版)。该教材第一版于 1981 年编写，多年来不断更新修订，目前已经成为国内大学常用的教材。该教材注重理论与实践相结合，以数字电路的设计为主线，着重介绍各种电路的组成、工作原理及应用；同时根据电子技术的发展现状，适当增加新的技术理论，注重介绍前沿的最新成果，以激发学生的学习兴趣，培养学生的独立思考能力和创新意识。

3.2　“数字电子技术基础”课程思政教学设计案例

一、绪论

1. 知识与能力培养目标

绪论部分着重介绍电子技术发展历程、数字电子电路和“数字化”浪潮，让学生了解电子技术发展史上的几次飞跃以及“数字化”浪潮带来的深刻影响，为学生学习其他相关专业课奠定基础理论。

具体培养目标如下：

(1) 了解电子技术发展史上的几次飞跃；

(2) 了解数字电子技术的应用领域；

(3) 掌握数字电子技术的研究目的和意义；

(4) 了解可编程逻辑器件和 EDA 技术的应用。

2. 课程思政元素挖掘及教学设计案例

★ 在讲解电子技术的发展历程时，以时间为轴线列举电子器件每一次质的飞跃所解决的根本问题的案例。这些案例蕴含着深刻的科学理论思维，通过分析这些案例，可以提高学生用联系和发展的观点看问题的能力，以及用辩证思维解决问题的能力。电子器件每一次质的飞跃都是一次改革创新，都是从量变到质变的过程，这也是课程思政教学可以挖掘的知识点。

具体教学设计如下：

电子技术的发展和进步，带动了电子器件的更新。教师可以采用框图形式呈现电子器件的发展过程，并与学生交流学习心得，引导学生认识到：每一次新电子器件的推出，都经过大量的科学实验、改革创新，它们极大地扩展了电子技术的应用领域，推进了社会进步。由此可以强调，要用联系和发展的观点看问题，用辩证思维来解决问题，认识到自然科学对社会进步的重要性。

让学生课后查阅晶体管的发明者沃尔特·布兰坦、约翰·巴丁、威廉·肖克利和集成电路发明者杰克·科尔比的相关资料，学习他们的科学精神，增强学生以改革创新为核心的责任意识。

★ 以中芯国际为代表，介绍纳米电子时代的特征，指出当前 FinFET 第一代技术已经量产，在这方面进一步拓展学生的专业知识面，激发学生科技报国的家国情怀和使命担当。

具体教学设计如下：

要提高集成度，就必须缩小晶体管尺寸，但这会受到加工工艺极限的限制和晶体管物理极限的限制，因此需要发展新的理论，并探索相应的材料和技术。纳米电子技术应运而生。教师让学生根据自己对纳米技术或工艺的了解，用智慧教学工具以弹幕的形式写出中国目前的芯片公司有哪些，目前投入量产的纳米工艺达到多少纳米，通过提问使学生了解到，目前中国的集成电路制造工艺已达到国际先进水平，但与世界顶尖水平还有一些差距，从而增强学生的忧患意识，激发学生科技报国的家国情怀和使命担当。

★ 在讲解“数字化”浪潮时，首先明确数字电路和模拟电路各自的特点，然后列举数字电路的优点，引出“数字化”是电子信息技术发展的必然趋势，以此引导学生尊重科学规律，与时俱进。

具体教学设计如下：

教师提问：自 20 世纪 70 年代以来，用数字电路处理模拟信号的“数字化”浪潮已经席卷电子技术应用领域，那么数字电路与模拟电路相比，优点在哪里？

再用智慧教学工具推送一道多选题：数字电路与模拟电路相比，其显著特点是(　　)。

A. 抗干扰能力强，稳定性好　　　B. 便于存储、传输和处理，便于集成

C. 保密性好　　　D. 可编程，通用性强

答案是 ABCD。

在教学过程中，让学生深入理解“数字化”是电子信息技术发展的必然趋势，在“数字化”时代更需要用辩证思维来分析问题，要树立科学的世界观。

二、数制和码制

1. 知识与能力培养目标

数制和码制是数字逻辑电路的基础。本章首先介绍有关数制和码制的基本概念和术语，然后给出常用的数制和码制，最后具体介绍不同数制之间的转换方法和二进制数的算术运算规则。

具体培养目标如下：

(1) 掌握二进制数、十进制数、八进制数、十六进制数的表示方法；

(2) 掌握常见数制之间相互转换的方法；

(3) 了解 8421BCD 码的表示形式；

(4) 熟悉几种常用的编码。

2. 课程思政元素挖掘及教学设计案例

★ 人们对数的认识起源于生产与生活实践。中国古代有各种计数方式，例如结绳计数、书契、算筹计数、算盘等，《周髀算经》《九章算术》《海岛算经》《缀术》等数学经典著作是中国古代智慧和创造力的集大成者。中华文明源远流长，中华传统优秀文化应当由当代青年继续传承发扬。

具体教学设计如下：

首先讲解最常用的十进制，然后提问中国古人是如何计数的，给学生一点时间用手机查询资料，再用智慧教学工具以弹幕形式将查阅结果呈现出来，以词云形式给出弹幕统计结果，以此展示中华文化灿烂辉煌的历史成就，让学生对古人的智慧及中华文明产生自豪感，从而激发他们的爱国情怀。

★ 在讲解各种数制的通用表达式时，引导学生从各种进制数的通用表达式中归纳总结出规律，由此培养学生的科学理性思维及严谨求真的科研素养。

具体教学设计如下：

在讲解了十进制数、二进制数、十六进制数各自的表达通式后，让学生分组讨论，找出其中的共性，引导学生通过推理、分析、归纳等思维活动，找出其中的内在联系，最后每组选一位代表将小组结论分享给大家。通过这样的教学活动，可以培养学生的理性思维能力，同时提高学生的团队协作能力和语言表达能力。

★ 在讲解常用的编码(8424BCD 码、格雷码)时，加入摩尔斯电码的相关知识，让学生了解摩尔斯电码的编码规则，即用点和画的不同排列来表达不同的英文字母、数字和标点符号，最后列举摩尔斯电码在军事领域的突出作用，以强化学生的工程伦理教育。

具体教学设计如下：

在讲解格雷码后，提出问题——世界上第一条电报是通过什么代码来传送的，请学生将答案用智慧教学工具以弹幕形式呈现出来。教师在讲解摩尔斯电码的基本构成之后，让学生用手机查阅 2015 年 2 月 17 日《文摘报》刊登的文章《战争中的摩尔斯密码》，并以课堂提问方式让学生上台发表自己的感想。采用这样的教学活动，强化学生的工程伦理教育，增强学生的法治意识。

三、逻辑代数基础

1. 知识与能力培养目标

逻辑代数基础一章首先介绍逻辑代数的公式及基本定理以及各种逻辑函数的表示

方法，然后着重介绍三种常用逻辑函数的化简方法。本章是分析与设计数字逻辑电路的基础。

具体的培养目标如下：

(1) 掌握逻辑代数的定律和逻辑运算规律；

(2) 掌握逻辑函数的公式化简法和卡诺图化简法；

(3) 熟悉具有无关项的卡诺图化简规则；

(4) 了解 Q-M 化简法；

(5) 了解多输出逻辑函数的化简方法。

2. 课程思政元素挖掘及教学设计案例

★ 在讲解逻辑运算的数学方法时，介绍英国数学家乔治·布尔，以及布尔变量和布尔代数在数字电路设计中的重要地位及作用，目的是要体现出基础研究的重要性，让学生体会到基础研究可以转换为科技生产力，从而改变社会、造福人类，以此培养学生的科学探索精神。

具体教学设计如下：

首先以“1+1 不等于 2”引出逻辑代数的概念，介绍其运算规则。然后将数学家乔治·布尔的个人简介以 PPT 形式展示，或给学生几分钟时间在手机上查阅布尔在基础研究领域作出的贡献以及布尔逻辑、布尔代数在电子学、计算机硬件和软件方面的广泛应用，让学生意识到基础研究的重要性，培养学生的科学精神和为人类作贡献的使命担当。

★ 在讲解逻辑函数及其描述方法时，着重强调逻辑函数的真值表表示法、逻辑函数式、逻辑图、波形图 4 种表示法之间的相互转换。这是为了引出内容与形式之间的关系，借此提高学生的辩证思维能力。

具体教学设计如下：

以三人表决电路为例，引导学生根据逻辑关系列出真值表，写出逻辑表达式，画出逻辑电路图以及波形图。以归纳总结的教学方式引导学生得出结论：同一逻辑事件可以有不同的表示方法，具体使用哪种表示方法，要根据实际应用场合而定，而且这几种表示方法是可以相互转换的。最后指出，在实践过程中，要根据内容决定形式的原则，注重事物的内容，观察事物的本质，而不能仅从现象和表现来推测，以此培养学生的辩证思维能力。

★ 学习了公式化简法、卡诺图化简法以及 Q-M 化简法后，总结每种方法的特点和局限性，指出新事物对旧事物既批判又继承，新旧事物是通过否定环节联系起来的，以提高学生的辩证思维能力。

具体教学设计如下：

讲解了三种化简法后，让学生总结这三种化简法的优点和局限性，用智能教学工具以投稿的形式提交。然后教师归纳总结：公式化简法的使用不受任何条件限制，但这种方法没有固定的步骤可循。卡诺图化简法可以克服公式化简法的缺陷，简单、直观，具有一定的化简步骤。但是，当逻辑变量超过 5 个时，卡诺图化简法将失去这些优点，实用价值不大。Q-M 化简法具有一定的化简步骤，更适用于计算机运算。目前一般的 EDA 软件都具备逻辑函数化简和变换的功能。由此可以引申出，事物的发展是事物不断前进的过程，是由旧物质到新物质的变化过程。这种教学方法虽未明确点明否定之否定的辩证发展过程，但本质上仍是对学生进行自然辩证法的教育。

★ 在讲解多输出逻辑函数的化简法时，不应仅以追求某个函数的输出形式最简为目标，而应兼顾其他输出函数，找出并合理利用共同项，达到整体最简的效果。由此可以体现整体和局部的辩证关系。

具体教学设计如下：

教师给出一组多输出逻辑函数，要求将其化为最简形式。最简形式的评判标准是：所用门电路的数目和所用门电路总的输入端数目均最少。课堂教学以分组讨论的形式进行，每组选出一位代表上台与大家分享本组的化简结果。根据每组的汇总数据，比较门电路数目和所有门电路总的输入端数目，得出最佳结果。教师进行总结，在化简过程中，各个部分是相互影响、相互依赖的，不应单独考虑，而要统筹兼顾，以求得整体最简结果。引申得出结论：只有个体齐心协力共同努力，才能推动社会发展和科技进步。

四、门电路

1. 知识与能力培养目标

门电路是构成各种复杂数字电路的基本逻辑单元，掌握各种门电路的逻辑功能和电气特性，对于正确使用数字集成电路是十分必要的。本章重点介绍了目前应用最广的 CMOS(Complementary Metal Oxide Semiconductor，互补金属氧化物)和 TTL(Transistor-Transistor Logic，晶体管-晶体管逻辑)两类集成门电路。在讲解这些集成电路时，还需要介绍集成电路的内部结构和工作原理，帮助学生理解集成电路的外部特性，以便设计时更好地运用这些外部特性。

具体培养目标如下:

(1) 了解晶体管的开关特性;

(2) 掌握常用 CMOS 门电路的逻辑功能和电气特性;

(3) 掌握常用 TTL 门电路的逻辑功能和电气特性;

(4) 理解不同类型集成电路间的接口转换电路;

(5) 了解标准化系列产品的分类。

2. 课程思政元素挖掘及教学设计案例

★ 在讲解集成电路的制作工艺时，通过视频展示集成电路工艺流程，以展现精益求精的大国工匠精神。

具体教学设计如下：

教师以动画或小视频形式呈现晶圆的生产工艺流程(晶棒成长—晶棒裁切与检测—外径研磨—切片—圆边—表层研磨—蚀刻—去疵—清洗—检测—包装)，使学生了解到对产品生产的每一步都要追求完美、精益求精，以激发学生的学习兴趣，培育大国工匠精神。

★ CMOS 芯片的不同系列具有不同的特点和优势。在讲解该知识点时，要充分体现低压低功耗技术在数字集成电路中的广泛应用。教师可介绍全球微电子产业标准，以拓宽学生的全球视野。

具体教学设计如下：

以 74××04 系列芯片为例，将 CMOS 电路的性能以列表形式呈现给学生。要求学生仔细观察每种芯片的电源电压范围，找出规律后用智慧教学工具以弹幕形式发表自己的想法。然后让学生在手机上查阅全球微电子产业标准制定机构固态技术协会(JEDEC)的资料。数字逻辑电路电源电压的发展趋势是电源电压越来越低，即低压技术的应用越来越广泛。通过这种教学设计引导学生分析问题、解决问题时要具有全球视野。

★ 在掌握了 CMOS 和 TTL 集成电路的特点后，让学生了解中国集成电路的现状及未来的发展趋势。然后以“中兴事件”为例展开讨论，激发学生科技报国的家国情怀。

具体教学设计如下：

首先，教师从开关工作速度和功耗方面对 PMOS、NMOS 与 CMOS 三种电路进行对比，得出结论：CMOS 电路具有明显的优势，CMOS 制造工艺是当今的主流。然后，教师提出问题：中国集成电路的现状如何？集成电路已成为支撑中国发展的战略物资，而集成电路技术是国家竞争的战略制高点。2018 年 4 月，美国政府宣布启动对中兴通讯的制裁，断绝其美国供应链。因此，中国的集成电路制造必须走自主研发的道路。从 2008 年国内 130 nm 工艺量产到现在整体水平达到 28 nm，部分产品为 7～14 nm，中国已经具备了一定的综合制造能力。用这些事实和数据，增强学生科技报国的决心，让学生意识到自己的社会责任和使命担当。

★ 通过对比几种 ECL 系列集成电路的主要性能，指出在设计电路时，要综合考虑电路的各项指标，设立最低目标，争取最大期望值，要客观分析可能出现的最坏情况，不回避矛盾，不掩盖问题，培养学生在设计电路时要具有底线思维。

具体教学设计如下：

MECL Ⅲ系列集成电路的速度高(传输延迟时间为 1 ns)，但是功耗高达 60 mW。为降低功耗，摩托罗拉公司又推出了 MECL 10K 系列集成电路，该系列集成电路虽然功耗降低到 25 mW，但速度上有损失，延迟-功耗积达到 25 pJ • ns。在设计电路时，为满足设计要求，在选择器件时要综合考虑各方面的性能指标，在最低目标的基础上，争取最大期望值。这部分通过设计实例，培养学生全面分析、积极探索的科学工作能力。

五、组合逻辑电路

1. 知识与能力培养目标

组合逻辑电路一章重点介绍组合逻辑电路的特点、分析方法和设计方法，对几种常用的组合逻辑电路模块，从分析和设计的角度进行解读，最后从物理概念上说明竞争-冒险现象及其成因。

具体培养目标如下：

(1) 掌握组合逻辑电路的特点；

(2) 掌握组合逻辑电路的分析方法和设计方法；

(3) 掌握常用的中规模组合逻辑电路的工作原理及功能；

(4) 了解组合逻辑电路竞争-冒险现象的产生原因及消除方法；

(5) 了解硬件描述语言 Verilog HDL。

2. 课程思政元素挖掘及教学设计案例

★ 分析组合逻辑电路时，除了分析其功能外，还要分析电路的传输延迟时间。从最慢路径问题可联系到国家的扶贫政策，增强学生对国家政策的理解和认同。

具体教学设计如下：

分析多输出组合逻辑电路的逻辑功能时，首先要根据所给电路图写出输出函数的逻辑表达式，然后列出真值表，由此了解电路的逻辑功能。针对具体的多输出组合逻辑电路实例，教师提出问题：如果一个门电路的传输延迟时间为 t_{pd}，请学生用智慧教学工具以弹幕形式将该多输出组合逻辑电路的传输延时时间投在屏幕上。由于有多个输出，电路的传输延迟时间由最慢路径的时间来决定。此时教师可引入这样一句话：决定一个舰队速度快慢的不是那个航行最快的船只，而是那个最慢的船只。进而引申：如果我们改善了困难群体的生活状况，也就改善了整个社会的生活状况。由此使学生理解并支持我国的扶贫政策，强化学生的制度认同和使命担当，培养学生的家国情怀。

★ 设计逻辑电路，本质就是根据给出的实际逻辑问题，找出因果关系，并用一个逻辑函数来描述这一因果关系。由此引申出哲学问题：原因和结果是揭示客观世界中普遍联系着的事物之间先后相继、彼此制约的一对范畴。两者的辩证关系可用以指导我们的认识和实践活动，由此帮助我们树立正确的辩证唯物主义世界观。

具体教学设计如下：

组合逻辑电路的设计步骤：第一步进行逻辑抽象。在许多情况下，设计要求是用文字描述的，读懂设计要求就需要分清什么是因、什么是果，明确因不能在果之后发生。第二步通过抽象的方法确定输入变量、输出变量，用一个逻辑函数来描述因果关系。教师采用质疑或提问的形式，逐步列出逻辑抽象结果。通过具体的设计过程，引导学生正确认识问题、解决问题，全面把握事物的因果关系，消除不利原因，使事物朝着有利于社会发展的方向运行，培养学生的辩证唯物主义世界观。

★ 硬件描述语言是对数字逻辑电路的层次结构、功能和行为进行描述的计算机语言，常见的硬件描述语言有 VHDL 和 Verilog HDL，它们已成功地应用于数字电路的设计和分析。通过讲授这两种语言的由来，增强学生的忧患意识，使学生牢记科技强国的使命担当。

具体教学设计如下：

硬件描述语言发展至今已有 40 多年的历史，VHDL 和 Verilog HDL 这两种硬件描述语言已经被确定为 IEEE 标准。教师提问：这两种语言是哪个国家研发的呢？可以让学生在手机上查阅这两种语言的相关资料，引导学生思考：中国为什么不可以？我为什么不可以？以此增强学生的忧患意识，培养学生科技强国的使命担当。

★ 常用的中规模组合逻辑器件和可编程逻辑器件都属于集成电路。通过引入海思半导体的发展历程，强调一个国家的集成电路技术水平至关重要，电子信息类专业的学生更有责任和义务来实现科技强国的中国梦。

具体教学设计如下：

教师在线上推送海思半导体公司的相关资料，让学生参与线上讨论。近几年来，海思半导体公司开发了一系列高性能、高集成度的芯片产品，如麒麟系列处理器、巴龙系列基带芯片、鲲鹏系列服务器芯片等。这些成果的取得，离不开海思半导体公司的艰辛付出。这说明发展的实质是事物的前进和上升，尽管发展的道路是曲折的。要让学生坚定科技报国的信心，培养其建设强大祖国的使命担当。

★ 设计组合逻辑电路时，必须检查电路是否存在竞争-冒险现象。常用的方法是通过逻辑函数式来判断。这种方法简单，但局限性较大，故需要用计算机作为辅助分析手段，但要注意计算机模拟结果有时和实际工作状态有出入，要从实践是检验真理的唯一标准这个角度进行教学设计，培育学生的科学精神和辩证唯物主义世界观。

具体教学设计如下：

计算机辅助分析工具为检查复杂数字电路的竞争-冒险现象提供了有效的手段，现已有成熟的程序可以选用。在用计算机软件模拟数字电路时，只能采用标准化的典型参数做一些近似处理，所以得到的模拟结果与实际电路的工作状态有出入。由此得到结论：只有经过实践检验的结果才是正确的。

★ 组合逻辑电路的功能千差万别，但其分析和设计方法有章可循，应以此作为切入点培养学生的科学精神。

具体教学设计如下：

掌握了组合逻辑电路的分析方法就可以识别任何一个给定电路的逻辑功能；掌握了组合逻辑电路设计的一般方法就可以根据给定的设计要求设计出相应的逻辑电路。引导学生要透过现象把握本质，把重点放在分析方法和设计方法上，而不必记忆各种具体的逻辑电路。正确把握本质和现象的关系对于认识活动和科学研究都具有重要作用，可以深化对事物的认识。

六、半导体存储电路

1. 知识与能力培养目标

半导体存储电路一章系统地介绍了各种半导体存储电路(包括各种寄存器和随机存储器)的结构、工作原理和使用方法，详细说明了只读存储器的应用。

具体培养目标如下：

(1) 掌握 SR 锁存器的工作原理；

(2) 掌握各种触发器的逻辑功能；

(3) 了解静态存储器和动态存储器的工作原理；

(4) 了解使用存储器来设计组合逻辑电路的方法。

2. 课程思政元素挖掘及教学设计案例

★ 只读存储器分为掩膜只读存储器、可编程只读存储器和用电信号擦除的可编程只读存储器。新旧产品更迭，旧产品退出历史舞台是历史的必然，以此强调学生要尊重客观规律，增强创新意识。

具体教学设计如下：

教师在讲解三种只读存储器时，首先以图片形式呈现常见的存储器，如 U 盘、硬盘、SD 卡等，从存储器的容量、体积的发展过程等方面，阐述旧产品被淘汰的历史必然性。然后，通过这些电子产品的发展历程讲解中国科技的迅猛发展是社会主义制度优越性的体现，对学生进行爱国主义教育，强化学生对社会主义制度的认同。

★ 闪存问世以来，以高集成度、大容量、低成本和使用方便等优势在应用领域得到了迅猛发展。教师通过介绍当今世界存储器芯片的市场现状及未来发展趋势，引导学生分析问题、解决问题时要具备全球视野。

具体教学设计如下：

在介绍闪存的发展历程时，可以利用智慧教学平台推送中国 NAND 闪存行业现状与发展前景的相关资料，并在讨论区发起讨论主题：NAND 和 DRAM 哪个的制造难度更高？由此激发学生的学习兴趣。通过介绍国内外闪存技术的发展现状，让学生产生忧患意识，同时也让学生认识到看问题要具有全球视野，帮助其树立正确的人生观、价值观和世界观。

七、时序逻辑电路

1. 知识与能力培养目标

时序逻辑电路一章首先概述时序逻辑电路在逻辑功能和电路结构上的特点，然后详细介绍分析和设计时序逻辑电路的具体方法和步骤、常用时序逻辑电路的工作原理和使用方法，最后从物理概念上讨论时序逻辑电路的动态特性和竞争-冒险现象。

具体培养目标如下：

(1) 掌握时序逻辑电路的特点及描述方法；

(2) 掌握时序逻辑电路的分析方法；

(3) 熟悉常用的中规模集成时序逻辑器件的工作原理和功能；

(4) 掌握时序逻辑电路的设计方法；

(5) 了解时序逻辑电路的动态特征；

(6) 了解时序逻辑电路的竞争-冒险现象。

2. 课程思政元素挖掘及教学设计案例

★ 某些种类的时序逻辑电路使用得特别频繁，可以把它们制成标准化的中规模集成器件，供用户直接选用。为了增加中规模集成器件使用的灵活性，便于拓展功能，在制作中规模集成器件时都设置了附加的控制端。以此教育学生要用发展的眼光看问题，增强前瞻意识。

具体教学设计如下：

对于常用的时序逻辑电路，可以将其制成标准化的中规模集成器件，如 74160、74161、74LS191、74LS193 等。为了增加中规模集成器件使用的灵活性，便于拓展功能，在集成器件上都设置了附加的控制端。这些控制端既可以用来控制电路的状态，又可以作为输入信号的选通输入端，还可以扩展电路功能。合理运用这些控制端能最大限度地发挥电路的功能，灵活运用这些器件可以设计出具有更多逻辑功能的电路。以此引导学生在认识世界和改造世界的过程中，做好充分的准备，坚持用发展的眼光分析问题、解决问题，增强前瞻意识。

★ 异步计数器与同步计数器各有优缺点，但在应用上，异步计数器受到了很大的限制。由此引申出：要发展，就必须破解制约发展的各类难题。

具体教学设计如下：

和同步计数器相比，异步计数器具有结构简单的优点，但异步计数器也存在两个明显的缺点：一是工作效率较低，因为异步计数器的各级触发器是以串行方式连接的，在最不利的情况下，要经过各级触发器传输延迟后，新状态才能稳定下来；二是存在竞争-冒险现象。这两个缺点使异步计数器的应用受到很大的限制。此时告知学生：要发展，就必须破解制约发展的各类难题，找出问题的根本原因，对症下药，用创新思维解决时代发展遇到的问题。以此培养和增强学生以改革创新为核心的时代精神和社会责任感。

★ 在设计复杂时序逻辑电路时，要使用层次化结构设计方法，或者称为模块化设计方法。层次化结构设计分为自顶向下和自底向上两种方式。这两种方式的出发点相同，路径不同，但都需要统揽全局。以此引导学生站在战略和全局的高度观察和处理问题，强化战略思维能力和全局观。

具体教学设计如下：

教师先让学生阅读层次化结构设计方法的相关资料，然后分组讨论自顶向下和自底向上两种方法的利弊，并分享各自的观点。最后教师归纳总结：自顶向下的方法，是将所设计的电路功能不断划分为更简单的功能模块，直到这些模块都能用简单的逻辑电路实现为止。这种方法完全是从获得最佳电路性能出发的，并未考虑这些模块电路是否有成熟的设计，一旦发现有问题就需要反复修改。采取自底向上的方法时，首先要考虑已有哪些成熟的模块电路可以利用，然后将电路划分为功能模块，直至划分到能利用已有的模块电路来实现这些功能为止。自底向上的方法虽然大大减少了设计的工作量，但是需要迁就已有的模块电路，会使电路的某些性能受到影响，因为不可能任何一种功能模块都有现成的成熟设计。教师在分析到底采用哪种方法进行设计时，引导学生既要尊重客观事实，又要发挥主观能动性，要高瞻远瞩，强调思维的整体性、全局性，谋求长远生存与整体利益，培养和提高学生的战略思维能力。

★ 在简单讲解完硬件描述语言 Verilog HDL 后，让学生用 Verilog HDL 完成一个较复杂的逻辑电路的设计。要求学生严格遵守 Verilog HDL 语言的格式规范，培育学生的工匠精神。

具体教学设计如下：

用 Verilog HDL 语言设计一个较复杂的时序逻辑电路。首先给学生布置预习内容，要求学生在课前进行编程练习，随后在课堂上分享编程感受，目的是让学生亲身体会一丝不苟、精益求精的工匠精神；同时让学生懂得产品的最终用途要正当化、合法化，有利于社会发展和社会进步，引导学生践行科技人员的责任和使命，不唯利，不唯上，严守底线，厚植工程伦理意识。

★ 时序逻辑电路千变万化，只有掌握时序逻辑电路的共同特点和一般的分析方法及设计方法，才能正确地对各种时序逻辑电路进行分析和设计。教师通过列举时序逻辑电路实例，培养学生具体问题具体分析的辩证思维和创新能力。

具体教学设计如下：

在学习分析和设计时序逻辑电路的一般步骤时，由于时序逻辑电路种类多，因而需要掌握时序逻辑电路的共同特点，进一步指出不能机械地按照这些步骤进行电路设计和分析。例如，分析环形计数器时，从物理概念出发就能很容易地画出它们的状态转换图，无须按照一般步骤重复进行分析设计。由此引导学生要具体问题具体分析，不能按部就班、墨守成规，要善于运用创新思维。

八、脉冲波形的产生和整形电路

1. 知识与能力培养目标

这一章介绍脉冲波形的产生和整形电路。在脉冲整形电路中，介绍最常见的两种整形电路：施密特触发电路和单稳态电路。在脉冲波形产生电路中，介绍能自行产生矩形脉冲波的各种多谐振荡器，包括对称式和非对称式多谐振荡电路、环形振荡电路等。最后介绍 555 定时器及其应用。

具体培养目标如下：

(1) 熟悉施密特触发电路的结构和工作原理；

(2) 掌握施密特触发电路的典型应用；

(3) 了解单稳态电路、多谐振荡电路的结构和工作原理；

(4) 熟悉 555 定时器的结构和工作原理；

(5) 掌握 555 定时器的三种典型应用。

2. 课程思政元素挖掘及教学设计案例

★ 用门电路构成的施密特触发电路中，起关键作用的是正反馈电路。正反馈电路加速了由量变到质变的过程。以此引申出国家富强、民族振兴、人民幸福三者的关系，通过对比分析，厚植学生的家国情怀，强化有国才有家的思想认同。

具体教学设计如下：

由门电路构成的施密特触发电路中，实现其功能的重点是电路中的正反馈：输入信号由 0 逐渐升高到门电路的阈值电压时，会激发一个正反馈过程，使电路中的电压迅速转换为高电平，加速了输出信号的变化过程。此时教师可举例：企业工人的生产积极性调动起来，企业的经济效益才能好，工人的收入才能增加；而经济效益好、工人收入增加，反过来又进一步促进了工人生产积极性的提高。这也是一个正反馈过程。以此引申到国家富强、民族振兴、人民幸福三者的关系：国家富强，民族振兴，人民才能幸福。由此培养学生国家、民族、人民三者合一的爱国情怀，增强学生的归属感、责任感和使命感。

★ 学习了使用 555 定时器构成多谐振荡电路后，时序逻辑电路的基本理论就全部学完了。作为工科学生，掌握理论知识后，还需要进行实践，要学会具体问题具体分析，提高实践和动手操作能力，教师要继续在实践中培养学生的科学素养和工匠精神。

具体教学设计如下：

在本章的最后一节内容学习完之后，给学生布置一个课外实践作业：用 555 定时器组成一个振荡电路，制作一个简易的电子琴，当按下不同琴键时，扬声器发出不同的声音。要求学生分组完成，每一组同学在下次课时分享本组的设计原理、制作过程，并进行成品展示。在这一活动中锻炼学生的团队协作能力，通过电路制作培养学生一丝不苟、精益求精的工匠精神，以及知行合一、学以致用的科学素养。

九、数-模和模-数转换

1. 知识与能力培养目标

数-模和模-数转换一章系统介绍了数-模转换和模-数转换的基本原理和常见电路；在介绍各种转换电路工作原理的基础上，着重讨论转换精度和转换速度问题。在数-模转换电路中，介绍权电阻网络、倒 T 形电阻网络、权电流型、开关树型和权电容网络共五种数-模转换器。在模-数转换电路中，着重介绍取样-保持电路和模-数转换器的主要类型。

具体培养目标如下：

(1) 掌握 D/A(数-模)转换器和 A/D(模-数)转换器的电路结构和工作原理；

(2) 了解开关树型和权电容网络 D/A 转换器；

(3) 熟悉取样-保持电路的工作过程；

(4) 了解 D/A 和 A/D 转换器的转换精度和转换速度。

2. 课程思政元素挖掘及教学设计案例

★ 转换器的转换精度取决于以下因素：器件本身的分辨率，参考电源和供电电源的稳定度以及外界环境温度。以此引申到内因和外因的辩证关系，培养学生的辩证思维能力。

具体教学设计如下：

通过分析影响转换器转换精度的因素，引导学生了解一个系统的精度不仅取决于器件本身的分辨率，同时也取决于外部因素，进一步讨论内因和外因的辩证关系：内因是事物发展变化的依据，它决定事物发展的基本趋势和方向。外因是事物发展变化不可缺少的条件，有时外因对事物的发展起重大作用。但是，外因的作用无论多大，都必须通过内因才能起作用。以此引申到中国的对外开放政策，独立自主、自力更生是基础，对外开放是为了增强独立自主、自力更生的能力，以强化学生的社会主义道路认同感，提升学生的家国情怀。

★ 模拟量经过取样、量化和编码等过程可转化为数字量，但数字量完全等同于真实值是不可能实现的，一定会存在量化误差。探索减小误差的方法，可以激发学生的创新热情。

具体教学设计如下：

模拟电压是连续的，故必须经过取样、量化、编码才能转化为数字量。在量化过程中不可避免地存在量化误差。误差可以用各种方法减小，但是不可能清除。教师引导学生思考减小误差的方法，如采用先进的工具、先进的方法和先进的理论。新时代提出了新课题，新课题催生了新理论，新理论引领着新实践。新时代是奋斗者的时代，广大青年要继承永久奋斗的光荣传统，勇担当、思进取、善作为，把握历史机遇，切实肩负起历史重任，为实现民族复兴伟业努力奋斗。

第4章 “高频电子线路”课程思政教学指南

4.1 “高频电子线路”课程总论

1. “高频电子线路”课程简介

“高频电子线路”课程是电子信息、通信类等专业重要的专业基础课，主要介绍高频电子线路各单元电路的工作原理、电路组成和设计方法。本课程一般在大学二年级下学期或三年级上学期开设。前期要学习的基础课程有“高等数学”“电路分析”“模拟电子技术基础”“信号与系统”，后续课程有“通信原理”“微波技术”等。

2. “高频电子线路”课程的教学体系结构

“高频电子线路”课程由理论课和实验课组成，采用理论与实践紧密结合的教学体系。

3. “高频电子线路”课程的教学目标

1) 知识与能力教学目标

本课程的主要内容包括选频网络，高频小信号放大器，正弦波振荡器，非线性电路与时变电路，高频功率放大器，模拟调制和解调，反馈控制系统 AGC、AFC、PLL，频率合成技术等。通过本课程的理论教学和实验训练，学生应理解与熟悉“高频电子线路”课程中各单元电路的工作原理与组成、元件与组件的作用及参数的选择，掌握单元电路的基本设计方法。具体的知识与能力教学目标如下：

(1) 理解与熟悉高频电路中各单元电路的工作原理；

(2) 熟悉各单元电路的组成、组件及参数的选择；

(3) 熟练使用实验仪器进行电路参数的测试和电路的研究；

(4) 掌握电路的基本设计方法，会进行电路的调试。

2) 课程思政教学目标

在教学过程中，应采用适当的教学方式，实现以下课程思政教学目标：

(1) 能够利用马克思唯物论看待通信和无线信号传输的本质；

(2) 能够利用马克思唯物辩证法看待高频电子线路和无线模拟通信的相关技术及其发展；

(3) 能够利用唯物主义辩证法看待科学技术的价值创造，引导学生热爱所学专业，培养学生的科学精神；

(4) 能够围绕发展的、矛盾的、整体与局部的关系等观点来看待整门课程；

(5) 对学生进行哲学思维训练，巧妙利用价值观的导向作用；

(6) 对学生进行科学精神熏陶，引导学生树立正确的价值观。

4. 常用专业教材

采用张肃文主编的《高频电子线路(第五版)》(高等教育出版社出版)。本教材第一版于 1979 年编写。多年来，本教材不断更新修订，目前已经成为国内大学常用的教材。本书是“十二五”普通高等教育本科国家级规划教材。为进一步适应电子技术的发展与教学的要求，本书以“打好基础，精选内容，逐步更新，利于教学”为原则，既有学科上的科学性与系统性，又有教学上的灵活性；各个章节又有相对的独立性，既注重高频电路的基本原理，又注重理论与实践相结合；同时，根据电子技术的发展现状，增添了“电子设计自动化(EDA)与软件无线电技术简介”章节，增加了集成电路方面的内容，有利于更好地激发学生的学习热情，培养学生的自我创新能力。

4.2 “高频电子线路”课程思政教学设计案例

一、绪论

1. 知识与能力培养目标

绪论部分主要介绍无线通信系统发送和接收设备的组成与原理，以及“高频电子线路”课程的研究对象和无线电通信发展简史。本章内容是了解通信电子线路的基础。

具体培养目标如下：

(1) 了解“高频电子线路”课程的研究对象；

(2) 掌握无线通信系统发送设备的组成与原理；

(3) 掌握无线通信系统接收设备的组成与原理；

(4) 了解无线电通信发展简史。

2. 课程思政元素挖掘及教学设计案例

★ 在讲解“高频电子线路”课程的研究对象和基本内容时，可以新冠疫情防控中使用的高科技通信技术和大规模的网络教学作为切入点。通信是连接世界万物的桥梁，一个国家没有强大的通信技术能力是不可能发展的。这次新冠疫情防控中迅速查找定位感染病人、疑似病人、每个人的运动轨迹以及远程医疗、大规模的网络教学等都离不开通信技术的支撑。在学生了解通信的基本原理和系统的构成后，让学生认识到虽然我国经济发展很快，但是在一些核心技术上还很落后，需要大家继续努力，学好专业课。

具体教学设计如下：

首先，以新冠疫情防控作为切入点，讲解通信的概念，指出这门课程主要的研究对象就是无线通信系统的发送和接收各个电路模块。然后，列举美国封杀华为公司 5G 技术和遏制我国集成电路芯片行业发展的例子，让学生明白，我国的高科技通信技术还相对落后，落后就要挨打。作为电子信息类专业的学生，应该树立强大的专业自豪感和家国情怀，为祖国的强大和发展贡献自己的力量！

★ 在讲解无线通信系统发送和接收设备的组成与原理时，首先让学生了解无线通信的整体结构框架，“高频电子线路”课程的各章节都是围绕这个框架展开的。然后详细介绍每个单元电路的构成及工作原理。在教学过程中，要体现整体与局部的内在联系：第一，整体与局部相互依赖，互为存在和发展。整体由局部组成，离开了局部，整体就不能存在。第二，整体对局部起支配、统率、决定作用，协调各局部向着统一的方向发展。第三，局部的变化也会影响整体的变化。让学生认识到：在观察和处理问题时要着眼于整体，追求系统整体的最佳效应，防止出现以局部利益来损害整体利益的现象；要注意各个局部的特点和要求，重视和充分发挥局部的积极作用。

具体教学设计如下：

首先，以学生们小时候玩过的积木作为切入点——一个整体的漂亮积木模型，需要由很多小的积木块构成。一个整体的积木模型相当于整个通信系统，每个积木块就相当于组成通信系统的单元电路。要想使无线通信系统完美工作，需要性能优良的振荡电路、调制与解调电路、混频电路、小信号放大电路、功率放大电路等不同单元电路的共同作用。这一知识点体现了哲学中整体和局部的辩证关系。这一教学设计旨在培养学生用辩证的关系处理问题的能力。

★ 在无线电通信发展简史的讲解过程中，不能简单地直接讲解，而要通过我国近百年的发展历史让学生意识到落后就要挨打的道理。清末晚期，我国被列强欺负，直至抗日战争、解放战争时期，国家始终处于内忧外患的状态。中华人民共和国成立后，我们的通信技术从落后到跟随再到领先，这是中华儿女奋勇争先的历史进程。

具体教学设计如下：

首先播放纪录片《百年科技启示录》，让学生了解近百年的科技发展历史，从而让学生有学习专业知识的紧迫感。其次，让学生明白，要想让我国通信技术取得更快更好的发展，需要同学们贡献自己的力量，而要贡献自己的力量就必须先学好这门专业课。教学过程中层层递进、步步深入，将社会责任和使命担当深植于学生心中。最后，让同学们在课堂上针对新冠疫情肆虐下的网络教学、美国对华为 5G 技术的打压、中国芯片发展的坎坷之路等进行讨论，让同学们畅所欲言，谈谈他们作为当代大学生的责任和担当，结合所学的课程知识和对高新通信技术的理解来阐述自己的观点，从而激发学生强烈的爱国热情和专业自豪感。这一教学设计旨在培养学生的爱国情怀。

二、选频网络

1. 知识与能力培养目标

利用各种形式的选频网络不仅能选出需要的频率分量，还能滤除不需要的频率分量。因此，选频网络在高频电子线路中得到了广泛应用。选频网络一章主要介绍两大类选频网络：第一类是由电感和电容元件组成的振荡回路(也称谐振回路)，它又可分为单振荡回路及耦合振荡回路；第二类是由各种滤波器(如 LC 滤波器、石英晶体滤波器、陶瓷滤波器和声表面波滤波器等)组成的选频网络。

具体培养目标如下：

(1) 掌握串联和并联谐振回路的谐振频率、品质因数及通频带的计算方法；

(2) 掌握串联和并联谐振回路的特性及谐振时电流、电压的计算方法；

(3) 了解串联和并联谐振回路的相位特性曲线；

(4) 了解电源内阻、负载电阻对串联和并联谐振回路的影响；

(5) 熟悉串并联电路的等效互换和抽头电路的阻抗变换的计算方法；

(6) 掌握耦合回路频率特性曲线及方程；

(7) 了解 LC 滤波器、石英晶体滤波器、陶瓷滤波器和声表面波滤波器等不同类型滤波器的特性与应用。

2. 课程思政元素挖掘及教学设计案例

★ 首先讲解选频网络的基本功能和特点：选出需要的频率分量，滤除不需要的频率分量；然后介绍它的具体构成：LC 的串联连接或者并联连接。大学时期是学生价值观、世界观、人生观形成的重要时期，利用对专业知识体系的形象比喻，引导学生回归学习本位。

具体教学设计如下：

选频网络的主要功能是滤除较强的干扰信号。选频网络自身不仅要具有很高的选择有用信号的能力，还要具备对无用杂波、干扰信号的抑制能力。对于学生来说，一个人要提高学习效率，要尽可能规避各种外界和自身的干扰，要有一定的自制力。比如上课时关掉手机，不受微信、QQ、各种游戏、抖音诱惑，还要有强烈的学习愿望和定力，有学习的奋斗目标。只有全身心地投入学习，才能提高效率，取得好的学习效果。

★ 在讲解串并联阻抗等效互换时，先让学生理解等效的概念。所谓等效，就是指电路工作在某一频率时，不管其内部的电路形式如何，从端口看其阻抗或者导纳都是相等的。也就是说，内部的电路不论是串联还是并联，从端口看如果其阻抗或者导纳相等，那么对于外电路来说是一样的。这体现了哲学中变与不变的辩证统一，让学生明白万物皆变，不变之中蕴含着变，变化之中又包含着不变，这是哲学的基本理念。

具体教学设计如下：

根据等效的定义，对串并联阻抗特性进行分析，得出结论：小的串联电阻可以变为大的并联电阻，串联电抗可以变为同性质的并联电抗，对外电路呈现的等效端口阻抗和导纳是不变的。联系客观事实，世界上没有绝对不变的事物，变化贯穿了整个宇宙的发展史，也就是说：变是绝对的，不变是相对的。因此，实现同一个性能的电路结构形式可以千变万化，可以是串联也可以是并联，在满足一定条件时，两者可以互换。换句话说，对内千变万化，对外保持不变，体现了变与不变的辩证统一。这一教学设计旨在培养学生以变化的、发展的眼光看问题的能力。

★ 在讲解抽头式并联电路的阻抗互换时，指出采用抽头式接入方式而不采用全部接入方式是为了减小信号源或负载电阻对谐振回路的影响。信号源或负载电阻不能直接接入回路，需要通过一些简单的变换电路，将它们部分接入回路。常用的电路形式有变压器耦合连接、自耦变压器抽头电路和双电容抽头电路等。让学生明白设计电路时不但要考虑自身电路的特点和参数，还要考虑与这个电路连接的信号源以及负载等对电路的影响，从而培养学生用联系的观点看待问题的能力。

具体教学设计如下：

采用抽头式并联电路主要是为了减小信号源或负载电阻接入时对谐振回路主要参数的影响，比如会降低回路品质因数。首先，介绍一个经典的例子："钉子缺，蹄铁卸，战马蹶；战马蹶，骑士绝；骑士绝，战事折；战事折，国家灭。"这个例子说明了缺一颗钉子与国家灭亡之间的联系。然后，介绍哲学上的相互联系观点：联系是指事物间、现象间的相互影响、相互制约、相互作用的关系。联系的普遍性与客观性，是指世界上的任何事物与现象都不能孤立存在，都与周围的其他事物和现象有某种联系或关系，整个世界是一个相互联系的整体。联系的形式多种多样，有直接和间接联系、内部和外部联系、因果联系、必然和偶然联系，等等。最后，告诉学生，从设计抽头式并联电路到设计高频电路，一定要从整个电路系统之间的相互联系和影响考虑，不能只考虑某个具体电路的结构形式和具体参数，还要考虑其他电路的影响。这一教学设计旨在培养学生辩证思维的能力。

三、高频小信号放大器

1. 知识与能力培养目标

高频小信号放大器主要用于放大高频小信号，它属于窄带放大器。由于采用谐振回路作为负载，解决了放大倍数、通频带宽、阻抗匹配等问题，因此高频小信号放大器又被称为小信号谐振放大器。就放大过程而言，电路中的晶体管工作在小信号放大区域，非线性失真很小。这样做一方面可以窄带信号实现不失真放大，另一方面又能滤除带外信号，有选频作用。

高频小信号放大器一章重点介绍高频小信号放大器等效电路及其参数，晶体管的高频参数，高频小信号放大器电压、功率的增益、通频带与选择性，内部噪声来源及其特点，噪声系数、等效噪声频带宽度和减小噪声系数的措施。

具体培养目标如下：

(1) 掌握高频小信号放大器的主要性能指标；

(2) 掌握晶体管 y 参数等效电路和混合 π 等效电路的画法；

(3) 掌握晶体管 y 参数等效电路的 y 参数的计算方法；

(4) 掌握单调谐放大器的电压增益、功率增益、通频带和矩形系数的计算方法；

(5) 了解多级谐振放大器的特性和参数计算；

(6) 掌握双调谐放大器的电压增益、功率增益、通频带和矩形系数的计算方法；

(7) 了解分立元件和集成电路谐振放大器的应用。

2. 课程思政元素挖掘及教学设计案例

★ 在讲解高频小信号谐振放大器的工作原理时，首先介绍晶体管的 y 参数等效电路和混合 π 等效电路参数的含义和求解方法，然后按电路图介绍其主要技术指标及含义，最后根据实际电路得出高频小信号谐振放大器的 y 参数等效简化模型。利用等效简化模型便于分析放大器的技术指标，整个分析过程体现了对小信号谐振放大器工作原理从抽象上升到具体的认识过程，让学生了解感性认识和理性认识及其辩证关系，以及认识过程的反复性和无限性。

具体教学设计如下：

在讲解高频小信号谐振放大器时，首先让学生对其有一个抽象的理解，了解晶体管 y 参数等效电路和放大器的 y 参数等效简化模型是如何得来的，小信号是如何经过放大电路后使其幅度得到增强实现放大的。然后介绍衡量该电路性能的技术指标，让学生能辨别高频小信号谐振放大器的性能优劣。最后介绍实际电路，让学生感受到从抽象上升到具体的认识过程。整个教学认识过程是一个辩证发展的过程，是“从生动的直观到抽象的思维，再从抽象的思维到实践”的过程。这个过程中的感性认识和理性认识是认识过程的两个阶段。感性认识是在实践的基础上，通过感官与客观事物的接触而获得的对事物表面现象或外部联系的认识；理性认识则是人们在感性经验材料的基础上，通过思维加工而获得的对事物本质或内在联系的认识。二者在性质、内容、形式和特点等方面都不同，但又相互联系、相互依赖和相互渗透。理性认识以感性认识为基础，感性认识有待于上升到理性认识。如果割裂了二者的联系，就会导致经验论和唯理论、经验主义和教条主义。理性认识并不是认识过程的完结，它还必须回到实践中去接受检验和指导实践。这一教学设计旨在培养学生理论联系实际的能力。

★ 在讲解多级单调谐回路谐振放大器时，首先说明实际电路对放大器有较高的要求，但是单级放大器的各项性能指标无法满足要求，特别是增益满足不了性能要求，故需要采用多级放大器。如果放大器由 m 级完全相同的单级放大器构成，那么整个多级放大器的总放大倍数则是单级增益的 m 次方，因此电路的增益呈指数递增。以此引申到团结的重要性，个人才智和能力是有限的，要想实现更大的目标，需要团结一切可以团结的力量，大家共同努力才能实现最终目标。

具体教学设计如下：

首先介绍新冠疫情防控的例子。在这场无硝烟的战争中，全国上下一盘棋，统一听从指挥，统一调度所需的人力、物力、财力，充分体现了集中力量办大事的社会主义优越性。全国人民群防群控，齐心协力，都投入到新冠疫情防控的战斗中来，最终使中国成为全世界最快控制住新冠疫情的国家，这充分体现了团结的重要性。然后讲解多级单调谐回路谐振放大器的总体性能取决于单级放大器，这也从另一方面说明要团结一切正能量，摒弃所有的负能量。这一教学设计旨在培养学生的爱国精神和良好的个人品格。

★ 在讲解高频小信号放大器的稳定性时，首先指出小信号放大器工作稳定性是重要的技术指标之一，再进一步讨论谐振放大器工作不稳定的原因，并提出提高放大器稳定性的措施，最后指出只要提高小信号放大器的稳定性，必然会降低其增益。在放大器稳定性与增益的平衡和取舍中，折射出哲学中主要矛盾和矛盾的主要方面的思想。

具体教学设计如下：

前面学习的放大器都是假定工作于稳定状态的，即输出电路对输入端没有影响，或者说，晶体管是单向工作的，输入可以控制输出，而输出则不影响输入。但实际上由于晶体管中存在着反向传输导纳 y_{re}，输出电压可以反作用到输入端，引起输入电流的变化，这就是反馈作用。虽然可以采用单向化的方法来消除反馈，增加放大器的稳定性，但是这样做同时也会使放大器的增益下降。提出问题：在设计高频小信号放大器时，对放大器的增益和稳定性如何取舍呢？教师引申出这正是哲学上主要矛盾和矛盾的主要方面的具体体现。主要矛盾是指在复杂事物的许多矛盾中，处于支配地位、对事物的发展起着决定作用的矛盾。对于放大器来说，稳定性肯定是最为主要的，放大增益再高，如果没有稳定性作为前提，一切都是空中楼阁。所以设计放大器时，先要保证其稳定性，即抓住主要矛盾或者说矛盾的主要方面，再尽可能地提高增益，以保证放大器能正常工作。这一教学设计旨在培养学生的辩证思维能力。

四、非线性电路、时变参量电路和变频器

1. 知识与能力培养目标

非线性电路、时变参量电路和变频器一章主要介绍非线性电路、时变参量电路和变频器电路的工作原理和分析方法。变频(或混频)是将信号频率由一个量值变换为另一个量值的过程，具有这种功能的电路称为变频器(或混频器)。本章主要讨论变频在超外差式接收机中的作用，以及变频器(或混频器)的工作原理、电路组成、分析方法及混频干扰等问题。

具体培养目标如下：

(1) 了解非线性电路、时变参量电路的概念；

(2) 了解非线性元件的特性和频率变换作用；

(3) 掌握非线性电路的幂级数分析法和折线分析法；

(4) 了解时变跨导电路的分析方法和开关函数分析法；

(5) 熟悉变频器主要性能指标的定义；

(6) 掌握晶体管混频器变频电压增益、最大变频功率增益和实际变频功率增益的计算方法；

(7) 熟悉二极管混频器的种类和工作原理，了解混频器干扰的克服方法。

2. 课程思政元素挖掘及教学设计案例

★ 在讲解混频器的基本概念时，首先说明变频(混频)是将信号频率由一个量值变换为另一个量值的过程。这种频率变换通常是将已调高频信号的载波频率从高频变为中频，同时还必须保持其调制规律不变。混频器主要运用于接收机中。然后以艾德文·阿姆斯特朗发明的超外差式收音机为例，让学生领悟科学的价值和科学技术对社会进步的作用，培养学生科技报国的家国情怀和使命担当。

具体教学设计如下：

首先，采用 PPT 形式介绍艾德文·阿姆斯特朗十几岁时读到马可尼发明无线电的故事，受其启发后，不到二十岁便制成了无线电发射器并用它来发射信号。他在解决飞机遇到的问题时，勤于思考，发明了一种超外差电路。高频信号的处理比较困难，超外差电路的原理是先将高频信号的频率降低，然后再加以放大处理，在此基础上诞生了超外差式收音机。这项发明技术一直沿用至今。通过此故事让学生领悟人要有远大理想，要为祖国成为科技强国而奋斗。最后，在介绍无线通信发展历史过程中的几次里程碑发明时，组织学生讨论这中间发生过哪些值得深思的科学故事，让学生感受到不断创新的科学精神，认识到科学思维在大学学习中的重要性：只有具备科学的思维方式，再加上科学的方法，才能获得创新成果。

★ 在讲解非线性元件基本概念时，首先介绍常用的无线电元件，包括线性元件、非线性元件和时变参量元件，并说明这三种元件的方程式分别是常系数线性微分方程、非线性微分方程和变系数线性微分方程。严格来说，实际的无线电元件都是非线性的，只是在一定的条件下，元件的非线性特性可以忽略不计，此时可将这类无线电元件近似看成是线性元件。以此引申出真理的绝对性和真理的相对性是同一客观真理的两重属性，任何客观真理都是绝对真理和相对真理的统一。

具体教学设计如下：

首先，介绍常用的线性元件：电阻、电感和电容。然后，介绍二极管和三极管等非线性元件。当输入单一频率交流信号时，线性元件输出频率不变，而非线性元件能产生新的频率成分，由此得出非线性元件具有频率变换的特性。同时指出线性元件只是相对的，实际的无线电元件都是非线性的，只有在一定条件下，即可以忽略其非线性特性的影响时，才可以将其近似看成线性元件。由此可见，非线性是绝对的，线性是相对的。这也说明绝对真理和相对真理是相互联结和相互渗透的，任何相对真理之中，都包含有绝对真理的颗粒，没有抛开绝对真理的相对真理。以此让学生明白，在全面把握真理的绝对性和相对性的辩证关系时，既要坚持马克思主义的科学原理和科学精神，又要善于把握客观情况的变化，还要善于总结自己在生活实践中创造的新鲜经验，努力做到真理的绝对性和相对性的辩证统一。最后，以模拟乘法器为例，当输入信号有一个是常数时，模拟乘法器是一个线性元件，而输入两个不同的交流信号时，它又变成了非线性元件。这一现象也体现了绝对真理和相对真理的辩证统一。

★ 在讲解二极管混频器和晶体管混频器的区别和联系时，应指出晶体管混频器的最大优点是有变频增益，但是它也存在动态范围较小、组合频率干扰严重、噪声较大、存在本地辐射等缺点。二极管混频器虽然可以改善晶体管混频器的这些缺点，但是却没有变频增益。以此让学生明白选择的重要性。生活中充满各种选择，一个当代大学生在面对选择的时候应该权衡利弊。

具体教学设计如下：

首先详细讲解二极管混频器和晶体管混频器的工作原理，同时指出其优缺点。然后提出问题：二者之间互有补充但又各不相同，在实际运用时如何选择呢？组织学生进行课堂讨论。如果将选择主义作为一种理论，那么可从自然历史过程、社会历史过程以及人的历史过程来阐述选择的作用，并且将其上升为一种主宰力量。当代大学生在面临各种选择时，应根据自己树立的远大目标做出最适合的选择。

五、高频功率放大器

1. 知识与能力培养目标

高频功率放大器(简称高频功放)主要用于放大高频信号或高频已调波(即窄带)信号。由于采用谐振回路作为负载，解决了大功率放大时的效率、失真、阻抗匹配等问题，因而高频功率放大器通常又被称为谐振功率放大器。就放大过程而言，电路中的功率管是在截止、放大至饱和等区域中工作的，表现出了明显的非线性特性；但它一方面可以对窄带信号实现不失真放大，另一方面又可以使电压增益随输入信号大小变化，即实现非线性放大。因此，从原理上深刻了解这一特点，充分理解谐振负载的选频和阻抗变换作用以及负载、调制、放大等外部特性，是高频功率放大器一章的主要学习内容。

具体培养目标如下：

(1) 了解功率放大器的分类和特点；

(2) 了解丙类、丁类高频功率放大器的工作原理和功率关系；

(3) 掌握丙类高频功率放大器折线分析法的临界线方程、转移特性方程、输入和输出回路特性方程；

(4) 掌握丙类高频功率放大器输出功率、直流电源提供的功率、晶体管耗散功率和效率的计算方法；

(5) 熟悉高频功率放大器馈电和输入、输出匹配网络的几种电路形式；

(6) 熟悉宽带高频功率放大器中传输线变压器的工作原理；

(7) 熟悉功率合成器(或分配器)的工作原理。

2. 课程思政元素挖掘及教学设计案例

★ 在讲解高频功率放大器的工作原理时，指出高频功率放大器是无线通信发射机的重要组成部分，发射机的已调信号只有获得足够的高频功率，才能馈送到天线被发射出去。高频功率放大器最重要的性能指标是输出功率要大、效率要高，因此，高频功率放大器通常工作在丙类状态。丙类高频功率放大器利用了电流在截止区时工作效率高的特点，实现了高频窄带信号的功率放大功能。从截止区在放大电路中的“默默无闻”引申到大学生要具有无私奉献、协同发展的价值观。

具体教学设计如下：

为了提高效率，高频功率放大器工作在丙类状态；为了实现信号的放大，晶体管工作在放大区。放大区是我们最常关注的区域之一，而对截止区却很少关注。首先介绍丙类功率放大器正是利用电流在截止区时工作效率高的特点，才实现了功率放大功能。然后介绍钱学森、邓稼先、周光召、于敏、程开甲、钱三强等科学家默默无闻、为宜国的强盛奉献一生的科学精神。正因为有了他们的付出，才会有后续人才的精彩绽放，才会有更多的科技成果不断涌现，我们国家才能越来越强大。鼓励学生甘当无私奉献者，要具有协同发展的战略眼光。

★ 在讲解丙类高频功率放大器导通角时，指出采用丙类的原因是提高高频功率放大器的效率，因为丙类的效率远远高于甲类、甲乙类和乙类。导通角 $\theta_c<90°$ 的都为丙类。提出问题：晶体管有三个工作状态，即放大、临界、饱和，何处最优？引导学生根据联系的多样性原理来分析。用联系的观点看待丙类高频功率放大器导通角的选择，辩证地分析导通角在不同位置的优缺点，从现象看本质，探究丙类功率放大器的基本特性。

具体教学设计如下：

根据丙类高频功率放大器的特点，其集电极输出电流为尖顶余弦脉冲，用傅里叶级数对余弦脉冲进行分解，得到尖顶脉冲分解系数图。针对高频功率放大器的两个主要参数：输出功率和效率，引导学生分析高频功率放大器达到最大输出功率时，导通角是多少。从分解系数图中可以看出，$\theta_c=120°$ 时，输出功率最大，但这时高频功放工作在乙类，效率太低。再引导学生分析高频功率放大器达到最大效率时，导通角是多少。从分解系数图中可以看出，$\theta_c=0°$ 时，效率最大为 100%，但此时输出功率为零。由此得出“兼顾了输出功率和效率的最佳导通角约为 70° ”的结论。以此引导学生用从哲学上联系的多样性观点来看待这个问题，分析和把握事物存在和发展的各种条件，在认识世界和改造世界的过程中，既要注重客观条件，又要恰当运用自身的主观条件；既要把握事物的内部条件，又要关注事物的外部条件；既要认识事物的有利条件，又要重视事物的不利条件。总之，要一切以时间、地点、条件为转移。因此，在设计丙类高频功率放大器的导通角时，要注意把握电路的各种主客观条件，不能单纯地以某一个参数为依据，要注意各种参数之间的联系。

★ 在讲解晶体管丙类倍频器时，指出倍频器是一种输出频率等于输入频率整数倍的电路，其电路结构与丙类高频功率放大器是完全一样的，只是把谐振回路的谐振频率调整在输入信号频率的整数倍上。在教学过程中，引导学生深刻理解辩证法中的因果关系。有了谐振回路的谐振频率不同的“因”，可以得到不同的倍频器输出的“果”；反之，也可以由需要某个倍频电路的“因”，得到谐振回路谐振频率不同的这个“果”。以此说明因果关系是可以相互转化的。

具体教学设计如下：

丙类高频功率放大器和丙类倍频器，这两个电路都工作在丙类状态，电路结构形式也基本相同。根据需要把谐振频率设置为输入信号频率的整数倍，就可以把集电极余弦脉冲电流分解的相应谐波分量选出来，功率放大电路就变成了倍频器。根据两种电路之间的关系，引出辩证法中的因果关系。因和果是相互依赖、相互作用、相互转化的，互为因果。引导学生认识和把握因和果这一对范畴具有重要的方法论意义。

六、正弦波振荡器

1. 知识与能力培养目标

正弦波是电子技术、通信和电子测量等领域中应用最广泛的波形之一。能够产生正弦波的电路称为正弦波振荡器。按工作原理不同，正弦波振荡器分为反馈型和负阻型两种，其中反馈型应用更为广泛。正弦波振荡器一章主要介绍反馈型正弦波振荡器的工作原理，以及 LC 振荡器、RC 振荡器和晶体振荡器的电路组成及性能分析方法。

具体培养目标如下：

(1) 了解振荡器的分类和特点；

(2) 掌握振荡器的工作原理、优点和用途；

(3) 掌握振荡器的平衡条件、平衡状态的稳定条件；

(4) 熟悉 LC 三端式振荡器相位平衡条件的判断准则；

(5) 熟悉并联、串联谐振型晶体振荡器和泛音晶体振荡器；

(6) 熟悉 RC 相移振荡器和文氏电桥振荡器。

2. 课程思政元素挖掘及教学设计案例

★ 在讲解电容反馈式三端振荡器的工作原理时，首先将电容反馈式三端振荡器与电感三端式振荡器进行对比。电容反馈式三端振荡器具有输出波形好、工作频率较高、频率稳定度高等优点，在高频电路中的用途比较广泛。为了改善电容反馈式三端振荡器调整频率不方便的缺点，产生了克拉波振荡器，为了改善克拉波振荡器波段覆盖倍数不够宽的缺点，产生了西勒振荡器。由此引出科学就是在不断发现问题、不断创新中进步的，让学生树立勇攀高峰的人生观，鼓励学生要为实现科技强国贡献自己的一份力量。

具体教学设计如下：

高稳定度振荡器应用最广泛的是电容反馈式三端振荡器，尽管电容反馈式三端振荡器要优于电感三端式振荡器，但是电容反馈式三端振荡器也有自身的缺点：调整振荡频率时会影响反馈系数，从而影响电路的起振。由于调整频率时不方便调整电感，一般是调整电容，但电容反馈式三端振荡器的电容除作为谐振电容外，还构成了反馈通路，因此电容值的变化又会影响反馈系数。克拉波振荡器将谐振电容和反馈电容变成了不同的电容，虽然克服了电容反馈式三端振荡器的缺点，但其产生的振荡频率波段覆盖倍数比较窄。经过不断改进，又出现了西勒振荡器。电容反馈式三端振荡器—克拉波振荡器—西勒振荡器的技术进步历程，就是科学上不断发现问题、解决问题、不断进步的过程。同时，还要介绍我国从第一代通信到第五代移动通信的发展历程。在前两代时，我国还比较滞后，但是在第三代时我国就有了自己的国家标准，在第四代时表现更为突出，到了第五代，中国通信技术达到了世界领先水平。以此激发学生树立爱国主义情怀，建立正确的世界观、价值观，为实现中华民族伟大复兴的中国梦而努力奋斗。

★ 在讲解振荡器的工作原理时，可以采用仿真软件和实际电路相结合的方式，让学生明白理论联系实际的重要性。从基本放大电路的工作特点讲起，输入一个小信号经过放大电路可以得到一个放大后的信号，有输入也有输出。而振荡器电路没有激励信号，直接就输出一定频率的交流信号。提出问题：振荡器是如何工作的呢？是不是真正的不劳而获呢？以此引导学生树立正确的人生观。世界上没有长久的不劳而获，只有付出才有收获，从仿真的实际结果来说明这个道理，同时结合中国传统孝道，让学生学会感恩——感恩父母，感恩祖国。

具体教学设计如下：

在讲解高稳定正弦波振荡电路时，首先，在 EWB 仿真软件中观看一 LC 振荡电路图，但不运行仿真，然后组织学生分析讨论三个问题：① 此电路中能否输出正弦波形？② 如果不能，为什么？如果能，又如何解释？③ 由这个电路大家能联想到什么？大多数学生会说怎么可能，它都没有输入。最后，教师在 EWB 中仿真运行，通过示波器在输出端看到了标准的正弦波，从而激发学生的好奇心。此时教师引入振荡器的定义：它是一种不需要外接输入信号，就能自动把直流能量转变为一定频率、一定形状的交流能量并输出的电路。同时指出电路没有输入，但是有输出，这并不意味着可以不劳而获，告诫学生只有付出才有收获，没有长久的不劳而获。大自然中万物都遵循能量守恒定律，LC 振荡电路晶体管集电极所接正电源为振荡电路提供了能量来源，如果没有电源，肯定就没有输出波形。以此教育学生要脚踏实地去做好每一件事情，要让学生明白，坐在宽敞、明亮、现代化的大学教室里，拿着先进的智能手机，享受着最好的学习环境，这一切都是父母省吃俭用为我们提供的，是祖国为我们提供的，我们只有好好学习，才能报答父母和祖国的恩情。这样的一堂高频电路课，不仅能让学生收获高频电路课程的知识，还能让学生学会感恩，懂得孝道。

七、振幅调制与解调

1. 知识与能力培养目标

振幅调制与解调一章是“高频电子线路”课程的重点内容，也是模拟通信技术中的关键部分。本章主要介绍调幅信号的时域表达式、波形、功率关系以及频谱特性，三种基本调幅(AM、DSB 和 SSB)信号的时域和频域特性，平方律调幅、斩波调幅和模拟乘法器调幅的电路组成及工作原理，以及调幅信号的两种解调方式(包络检波和同步检波)。本章的重点内容：调幅信号的数学表达式和频谱特点，常用调幅电路的组成和分析，包络检波和同步检波的原理和分析。本章的难点内容：集电极调幅电路的分析和计算，二极管大信号包络峰值检波器的原理。

具体培养目标如下：

(1) 熟练掌握 AM、DSB 和 SSB 信号的数学表达式和频谱，熟悉调幅度的定义和计算方法，理解调幅波的功率关系；

(2) 了解平方律调幅、二极管平衡调幅和斩波调幅的工作原理，理解二极管电桥斩波调幅器和二极管环形调幅器的电路组成，掌握模拟乘法器调幅电路的组成和工作原理；

(3) 理解包络检波电路的工作原理，掌握电压传输系数、等效输入电阻的计算方法，了解惰性失真和负峰切割失真产生的原因和解决方法；

(4) 了解同步检波的工作原理和使用条件。

2. 课程思政元素挖掘及教学设计案例

★ 在讲解调制与解调的概念时，可结合“神舟十二号”载人飞船发射中应用的卫星通信技术和遥测技术进行思政教学。将神舟飞船内部 Wi-Fi 覆盖、神舟飞船与地面的遥测技术和《高频电子线路(第五版)》第 1 章绪论中的发送机与接收机的基本框图以及本章的调制与解调的内容结合，解释卫星通信技术和遥测技术的基本工作原理。通过介绍“神舟十二号”中通信技术的广泛应用前景让学生对科学探索产生向往，激励学生认真学习本专业知识，为实现祖国的强大而做自己力所能及的事。最后结合我国航天技术的高速发展，让学生感受到国家强大带来的自豪感，同时增强学生的民族自信心，进而提升学生在生活、学习和科研中的自信心。

具体教学设计如下：

采用播放录像视频和讲授相结合的方法进行教学。首先，播放三名航天员进驻中国空间站核心舱的实况录像(与地面通话部分)，描述“神舟十二号舱内借助卫星通信(底层通信)实现飞行舱内 Wi-Fi 全覆盖”的重大意义，解释遥测技术在飞行器发射和太空飞行时如何实现飞行器与地面的不失真无线通信。重点强调：航天员与地面通话时，声音信号的发送和接收需要对声音信号进行一定的处理，这种处理就是调制与解调，从而引出调制与解调的概念，介绍其内在含义和联系。以此说明本专业与航天事业的相关性，从而激发学生学习本专业知识的热情，培养学生崇尚科学的学习态度。另外，在观看视频的同时，与学生一起感受国家的“航天情”，从“航天梦是强国梦的重要组成部分”谈到“空间技术领域是高技术集中的领域，空间技术水平是一个国家科技实力的重要标志，也是一个国家经济实力、综合国力、国防实力的重要标志”等，增强学生的民族自豪感和文化自信心，鼓励学生献身于祖国建设的宏伟事业中去。

★ 在讲授调幅信号的数学表达式、波形、频谱和功率关系后进行归纳总结。调幅信号的三种形式：普通调幅(AM)信号、抑制载波的双边带(DSB)调幅信号和单边带(SSB)调幅信号。梳理从AM信号到DSB信号再到SSB信号的变化规律和内在联系，并对比三种调幅信号的优缺点。教师从变化规律联系到科学研究的规律性及递进性，引导学生树立科学研究的正确态度，鼓励学生提升自己的学术素养和科研能力。要求学生积极参加创新创业、挑战杯、电子设计大赛以及数学建模等项目，因为这些经历对学生创新思维的培养以及动手能力的提升有很大的帮助。同时鼓励学生积极参与各种公益项目，充实大学生活。

具体教学设计如下：

采用总结对比、讨论和讲授的方法进行教学。首先对比AM、DSB和SSB信号的优缺点，描述从AM信号到DSB信号再到SSB信号的变化。由于需要抑制载波功率，从AM信号演变到DSB信号，带宽没有明显减小。为了进一步提高传输效率，将双边带中的一个边带滤除，只传送一个边带(上边带或者下边带)，同样可以完成信号的传输，而且带宽减小一半，即完成从DSB信号到SSB信号的演变。以此引申出科学研究的规律性和递进性。首先带领学生学习并讨论两院院士大会上提及的科技体制改革建议：科技管理首先要适应科技发展新常态，尊重科研规律，尊重学术共同体。然后学习“人民网”刊登的关于科学家精神蕴含的深意：① 一片冰心在报国；② 创新敢为天下先；③ 千淘万漉只为真；④ 不为名利遮望眼；⑤ 集智攻关无不成；⑥ 甘为育人“铺路石”。在解释科学家精神的过程中，激励学生追求知识和真理，既要专注于自己的学业，勤奋钻研，还要不慕虚荣，不计名利；既要有大国工匠精神，又要有团结协作精神。培养学生的浩然正气，培育和践行社会主义核心价值观。

★ 结合包络检波实验，带领学生使用理论知识来解释实验中出现的问题，分析其原因，讨论如何调整电路参数以避免惰性失真和负峰切割失真。由此引申到坚持理论联系实际的马克思主义学风，以及坚持在实践中检验、运用和发展真理的哲学道理。引导学生建立正确的学习方法，培养学生学习工科专业知识的思维方式。

具体教学设计如下：

采用实验演示、小组讨论和讲授的方法进行教学。首先，回顾包络检波的实验内容，引导学生总结实验中出现的现象和问题，再让学生回顾本课程中的相关理论知识，启发学生根据所学理论知识分析实验中出现的现象，解释失真出现的原因，提出避免失真的方法。结合实验讨论培养学生的工科思维，用工科思维解决实验中的问题。然后，因势利导地提出理论和实践的关系，让学生分小组讨论“先学习理论知识还是先进行实验”。最后，教师总结：坚持理论联系实际的马克思主义学风，坚持用理论指导实践，在实践中检验、运用和发展真理；坚持学习、学习、再学习，坚持实践、实践、再实践。鼓励学生努力学习，积极实践，用马克思主义理论武装自己，采用正确的工科思维方式，在学习的道路上坚定不移地走下去。

八、角度调制与解调

1. 知识与能力培养目标

角度调制与解调一章主要介绍调角信号(调频和调相)的时域表达式、波形及频率特性，瞬时频率、瞬时相位、最大频移和最大相移的概念及计算方法，直接调频和间接调频的原理，变容二极管调频电路和晶体振荡器直接调频电路，以及相位鉴频和比例鉴频的工作原理。本章的重点内容：调角信号的概念及性质，鉴频器的工作原理及调相的各种方法；本章的难点内容：变容二极管调频原理和鉴频器电路分析。

具体培养目标如下：

(1) 了解角度调制的优点和应用；

(2) 熟悉调频波的主要指标、鉴频方法和鉴频的主要指标；

(3) 掌握调频波和调相波的波形、数学表达式、调制系数和频谱，了解调频的各种方法及优缺点；

(4) 掌握变容二极管调频电路的工作原理，了解晶体振荡器直接调频电路的工作原理；

(5) 了解调相的各种方法，熟悉相位鉴频器的工作原理，了解比例鉴频器的工作原理。

2. 课程思政元素挖掘及教学设计案例

★ 结合调频广播和广播电视讲解调频的应用。首先，介绍调频广播和广播电视的发展及产业现状，强调科学技术的重要性以及调频广播和广播电视对我们生活的影响。然后提出问题：作为新时代的大学生，应该如何及时了解本专业的最新科学技术？如何结合自身学习的知识提升科学探索能力？以此鼓励学生积极了解本专业的应用前景，增强对本专业学习和科研的兴趣；培养学生勇于探索的精神，为建设科技强国而努力；激励学生迎难而上，直面问题，肩负自己的历史使命。

具体教学设计如下：

采用播放视频和讲授的方法进行教学。首先播放广播电视发展史的视频(2～3 min)：从小孔成像和硒物质光电转换，到贝尔德发明机械电视；从显像管的发明，到后来的无声黑白电视，再到彩色电视；电视机从原来的显像管电视机到液晶电视机、数字电视机再到现在的智能电视机。通过观看视频，与学生一起感受科技进步给世界带来的变化、给社会带来的便利及对我们生活产生的影响。以此激发学生学习和科研的兴趣，鼓励学生勇于探索未知，做到学有所用。培养学生勇攀科学高峰的责任感和使命感，鼓励学生从小事做起，从学习做起，从身边做起，为科技报国打下坚实的基础。

★ 在分析调角波的频谱时需要用到一种特殊函数，即第一类贝塞尔函数，拓展了特殊函数的数学知识。以此鼓励学生做事之前先制定目标和规划，找到适合自己的、有规划的学习方法；鼓励学生构建一个有规划和有目标的大学生活，培养持之以恒的学习精神。

具体教学设计如下：

在讲解利用贝塞尔函数进行调角信号的频率特性分析时，首先简要介绍贝塞尔函数。由于贝塞尔函数是一种特殊函数，由此启示学生思考和规划自己的人生。引用《孙子兵法·计篇》中“夫未战而庙算胜者，得算多也；未战而庙算不胜者，得算少也；多算胜，少算不胜，而况无算乎！”说明有计划地学习对今后的发展有着重要意义。另外，毛主席深谙“庙算”精义，并将它归纳总结为一句通俗易懂的话——“不打无准备之仗，不打无把握之仗”。以此引导学生在学习中做好课前预习，提前掌握教材的基本内容和方法，做到有准备地听，学会听重点、难点和疑点；指导学生进行有效的时间规划，合理制定短期目标、长期目标及有效的实施方案，提升学习效率，提前规划大学毕业后的人生。

★ 结合调相在现代无线电遥测系统中的广泛应用，介绍调相的原理及应用，拓展无线电遥测系统的相关知识。首先，简单介绍无线电遥测的概念和发展历史。我国航天技术的巨大飞跃也说明了我国的遥测遥控技术达到了一个崭新的阶段。介绍航天器发射过程中使用遥测技术对航天器进行跟踪、测量和控制的知识。简单介绍雷达遥测遥感技术，分析雷达在战争、国家安全、卫星发射等方面对人类社会的影响，引导学生正确使用科学知识为人类造福，树立正确的科学发展观。

具体教学设计如下：

采用播放视频、讲解和讨论的方法进行教学。首先，简单介绍调相技术的应用，再播放视频《百年科技启示录》之《无线通信》中的部分片段：泰坦尼克号通过发送无线电求救信号，挽救了一些人的生命；英国利用雷达提前探测到德国的战机数量及方位，扭转战局并最终赢得了战争的胜利；手机通信改变了人们的沟通方式，微妙地影响着人们的生活。然后，结合课本中关于无线电通信的知识，讲解无线电通信的原理。通过视频中的事例可以得到“科技改变世界”的观点，引导学生讨论还有哪些与无线电相关的应用正在改变着我们的世界，比如电视、手机和网络等。最后，提出问题：如何用辩证的观点看待这些变化的利弊？指导学生正确使用科技的力量为人类造福，避免科技进步带来的危害，培养学生辩证的思维方式。鼓励学生在学习中不要读死书、死读书，要具备科技知识的敏锐度，时刻关注科技前沿技术，为国家发展贡献力量，树立正确的科学发展观。

九、数字调制与解调

1. 知识与能力培养目标

数字调制与解调一章主要介绍使用含有信息的数字脉冲调制和解调载波信号的过程，振幅键控(ASK)、移频键控(FSK)和移相键控(PSK)三种数字调制方式的原理及实现方法，信号的频谱和功率谱密度分析，以及随机过程的概念、衡量指标和平稳随机过程的特点。本章的重点内容：三种调制方式的工作原理；本章的难点内容：对功率谱密度的理解。

具体培养目标如下：

(1) 了解数字通信系统中消息的衡量方法，熟练掌握信息量和熵的计算方法；

(2) 掌握三种数字调制方式的基本原理和调制波形图；

(3) 从两个角度理解随机过程的概念，掌握广义平稳随机过程的概念和证明方法；

(4) 了解数字通信系统中的解调方式和抽样判决方法。

2. 课程思政元素挖掘及教学设计案例

★ 从两个不同角度介绍随机过程的概念：① 随机过程是所有样本函数的集合；② 随机过程可看作在时间进程中处于不同时刻的随机变量的集合。由此提出看事物或者做研究时，应该从多个角度、不同方位进行观察和分析，不仅要注意区别，还要注意联系，这样才能得到比较全面的结论。培养学生在学习和科学研究中的严谨作风，锻炼学生的观察能力，提升学生思考问题的能力和根据现象总结规律的能力。

具体教学设计如下：

教师讲解了随机过程的概念后，让学生朗诵苏轼的《题西林壁》，重点提出“横看成岭侧成峰，远近高低各不同”一句，说明同一事物从不同角度观察时会有不同的特点。然后，联系到要从两个角度理解随机过程，例如高频实验中采用示波器和波特仪观察同一信号的时域和频域信号，从而将放大电路的输出特性较全面地表征出来。从辩证唯物主义的观点出发，在认知一个新的事物时，必须从多个角度观察，既要客观，又要全面，从而得到较正确的结论。引导学生在学习、科研和生活中要客观、全面地观察生活和社会，培养学生严谨和细心的学习习惯、积极进取的科研精神和乐观向上的生活方式。

★ 实现数字调制可采用类比的方法，对比模拟调制的 DSB 信号。以此引申到利用辩证唯物主义的观点解释事物之间的相互联系，引导学生在学习过程中要注意知识之间的联系和迁移，不要孤立地学习每门课程，应将所学知识融会贯通；掌握正确的学习方法，提高学习效率，提升科学研究素养；在注重知识学习的同时，注意加强思想品德、生活、工作和科研等方面的综合素养，做新时代全面发展的大学生。

具体教学设计如下：

首先，介绍模拟调制方法，总结 2ASK 的时域表达式和波形，通过对比 DSB 信号，分析两者的联系和区别，提出利用事物的普遍联系性和发展的观点解释两者之间的相互联系和区别。以此引申到学生的学习中，在学习时要注意知识之间的联系，合理使用知识迁移，做到“温故而知新”。在学习之余，注重思想品德修养的提升，培养积极向上的人生观、价值观和世界观。最后，组织学生分组讨论学习、生活和社团活动等之间的相互联系，引导学生合理安排时间，相辅相成，产生正确的合力。

★ 在总结本章的内容时，结合目前广泛应用的光纤通信进行知识拓展。首先介绍光纤通信的历史，从全反射原理到贝尔的“光话机”，再到华人科学家诺贝尔奖获得者高锟，他提出了降低光纤损耗的大胆设想，才有光通信的今天。以高锟的研究过程和大胆设想为引导，培养学生的大国工匠精神和努力攀登科研高峰的精神，增强学生对科研的兴趣，提升自身能力。

具体教学设计如下：

采用播放视频的方法进行教学。首先，播放《杰出华人·高锟》的纪录片，结合高锟获得诺贝尔奖的内容和光纤的制备方法，介绍“光纤之父”高锟获得诺贝尔物理学奖的成果，提出通过原材料提纯和拉制光纤工艺改进可以制造出适合长距离通信使用的低损耗光纤。虽然他提出的观点遭到外界的质疑，但是随着科学技术的发展，最终的事实证明他是对的。以此培养学生坚持真理的信念和决心。最后，介绍国家科学技术进步奖获得者的科研成果和国之重器的制造，激发学生投身科学研究的热情，提升学生学习的积极性，鼓励学生崇尚大国工匠精神，培养学生认认真真做学问的素养。

十、反馈控制电路

1. 知识与能力培养目标

反馈控制电路一章主要介绍反馈控制电路，以及自动增益控制(AGC)、自动频率控制(AFC)和锁相环路(PLL)三种反馈控制电路的工作原理、电路组成和特点。本章的重点内容：反馈控制电路的工作原理；本章的难点内容：锁相环路的工作原理和应用。

具体培养目标如下：

(1) 掌握自动增益控制和自动频率控制的电路组成和工作原理；

(2) 熟悉锁相环路的工作原理，掌握锁相环路的组成部分以及各部分的工作原理；

(3) 了解锁相环路的应用。

2. 课程思政元素挖掘及教学设计案例

★ 在讲授反馈控制电路的概念及三种反馈控制电路时，由于三种电路都与“反馈”有关，可结合模电、信号处理和深度学习等相关知识，分析在不同领域里“反馈”概念的相同点和不同点。以此引申到学习中的“反馈”，引导学生总结学习方法，利用“反馈”改进学习方法，提高学习效率。

具体教学设计如下：

采用讨论的方法进行教学。首先由高频电子线路中的“反馈”概念，回顾并对比模电中的“反馈”，再拓展到其他领域的“反馈”，然后引申到学习方法中的“反馈”，最后提出关于“反馈”的讨论话题，让学生根据实际情况对教学的“反馈”和自己学习的“反馈”等情况进行讨论。教师对学生发言进行总结，并带领学生学习“格式塔心理学”中关于学习理论的主要内容：

(1) 学习是一个知觉重组的过程；

(2) 顿悟学习的核心是把握事物的本质，可以避免多余的试误，同时有助于迁移，也不容易被遗忘；

(3) 顿悟说对尝试错误说进行了批评，认为学习是一种智慧行为，需要理解、领会和领悟等认识活动的参与。

在教学过程中，强调“反馈”的重要性和必要性，鼓励学生优化自己的学习方法，积极使用“反馈”加强知识的重构和创新，激发学生探索专业知识的积极性。

★ 在讲授锁相环路的组成部件(PD、LPF 和 VCO)时，通过建立数学模型，分析各个部件的工作原理，以及锁相环路的锁相过程。通过介绍数学建模的概念和方法，强调数学建模与实际工程的联系，学会用数学建模分析工程实践中出现的问题和现象。在数学建模过程中，需要抓住实际问题中的主要因素，忽略次要因素，即抓住主要矛盾，忽略次要矛盾，才能快速准确地解决实际问题。一方面从数学建模入手激发学生的学习兴趣，另一方面用“抓主要矛盾”来解决学生在学习、生活和科研中遇到的难题，提升学生解决问题的能力。

具体教学设计如下：

采用讨论的方法进行教学。从数学建模出发，带领学生用数学建模分析工程实践中出现的问题和现象；再针对全国大学生数学建模竞赛，讨论建模对科研思维的训练，强调分析能力的重要性，以提高学生分析实际问题的能力，并使学生建立合理的思维模式。任何研究过程，如果是存在两个以上矛盾的复杂过程，首先要找出它的主要矛盾，抓住主要矛盾，一切问题就迎刃而解了。由此启发学生在处理学习、生活和科研中的问题时，要善于发现主要矛盾或者矛盾的主要方面，积极面对，困难将会迎刃而解。

★ 从物理意义上解释：为什么锁相环路传输函数具有低通滤波特性。这里的“物理意义”是一个重要的科研思想，在进行科技论文写作时经常需要透过现象分析物理本质(即物理意义)。首先介绍物理意义的概念，然后提出一些基本的物理现象，让学生分析其内部的物理意义。以此提高学生的科研思维能力、观察能力、分析能力及科技论文的写作能力。

具体教学设计如下：

采用演示、讨论的方法进行教学。首先，教师准备几个常见的物理现象，让学生对物理现象进行描述，并分组讨论现象的内在本质。然后，总结学生的发言，提出“物理意义”的概念。所谓“物理意义”，是指一个物理量全部的内涵、外延，及其反变关系，以及对物理规律的一种全面、融会贯通的解释。能理解物理意义，需要具有高度的物理学修养。在科学研究过程中，做实验必不可少，而实验中可能会出现一些没见过的现象，既要善于观察这些现象本身，又要学会分析其产生的内在机制。以此提升学生正确分析“物理意义”的能力和解决科学问题的能力，锻炼学生在学习和科研中分析内在含义的能力；培养学生掌握“现象离不开本质，本质也不可能离开现象而单独存在”的现象和本质统一观，鼓励学生通过对现象的分析研究事物的本质，即掌握“去粗取精，去伪存真，由此及彼，由表及里”的过程。

十一、频率合成技术

1. 知识与能力培养目标

频率合成技术一章主要介绍频率合成器的工作原理、特点和主要技术指标(频率范围、频率间隔、频率转换时间、频率稳定度与准确度和频谱纯度)，以及两种频率直接合成方法——非相干式直接合成和相干式直接合成；简述频率漂移抵消法(外差补偿法)；介绍几种频率间接合成技术以及利用脉冲控制锁相法、吞脉冲可变分频器、模拟锁相环和数字锁相环实现间接频率合成；分析频谱不纯的原因；简单介绍集成频率合成器、电子设计自动化和软件无线电技术。本章的重点内容：各种频率合成器的工作原理；本章的难点内容：频谱不纯的原因及解决方法。

具体培养目标如下：

(1) 熟悉频率合成器的组成原理和主要性能指标；

(2) 掌握直接合成器的种类和基本原理；

(3) 掌握间接合成器的种类和基本原理；

(4) 了解产生频谱不纯的原因，以及常用的集成频率合成器。

2. 课程思政元素挖掘及教学设计案例

★ 无线电通信技术的迅猛发展，对信号源的频率稳定度、准确度和频率变换是否方便等提出了更高的要求，频率合成技术因此应运而生。以此引申出“社会需求是科技创新最重要的推动力”，鼓励学生在学习和科研中注重观察和了解社会的需求，时刻关注本专业人才应具备的技能，提升自己的专业敏锐度，为融入社会打好基础。

具体教学设计如下：

采用讨论的方法进行教学。为了满足无线电通信技术迅猛发展的需求，对信号源的频率稳定度、准确度和频率变换是否方便等提出了更高的要求，促使了频率合成技术的诞生。教师提出问题：所学专业的社会需求如何？需要怎样的专业技能？通过总结学生的发言，和学生一起讨论如何提升自身能力来适应这些需求。另外，从科技发展的角度提出“社会需求是科技创新最重要的推动力”的观点，领学王国全的《科技创新思路与方法：兼议未来 50 年科技发展热点》中关于探讨创新型人才应具备的素质，以及探索科技创新的思维模式的主要内容。教育学生关注本专业行业需求，提升专业知识敏锐度，时刻关注本专业应具备的知识和能力，做到有目的地学习。

★ 在讲解频率直接合成法的基本原理时，根据两个基准频率之间是否相互独立，可将频率直接合成器分为非相干式直接合成器和相干式直接合成器，通过外差原理来消除可变振荡器的频率漂移，从而实现频率直接合成。从“相干”概念出发，理解波的“相干”性，描述波与基波、波与其他波之间对某种内秉物理量的关联性质。以此引导学生在学习、科研和生活中要养成定期总结的好习惯，培养自学能力。

具体教学设计如下：

采用讨论的方法进行教学。在介绍相干式直接合成器时，首先回顾所学的“相干”，比如，光学的相干相长(相消)、模电的相干解调(同步解调)和激光的相干性等，再总结各种相干的联系和区别。由此引出在学习、生活和科研过程中总结的必要性。然后组织学生讨论对比各种学习方法和教学方法，引出“费曼学习法”，再介绍“费曼学习法”的四个基本方面：概念(Concept)、教给别人(Teach)、回顾(Review)和简化(Simplify)，引导学生对比“费曼学习法”来改善自己的学习方法，提升学习效率，提高专业知识的学习能力。面对新的知识，要善于利用掌握的学习方法分析问题、解决问题，总结经验和传授经验，培养学生的自学能力。

★ 集成频率合成器由参考分频器、参考振荡器、数字鉴相器和各种逻辑控制电路组成，可分为中规模和大规模两类，也可分为低速、中速和高速三类。介绍典型MC145100系列的一种集成频率合成器，分析其框图及工作原理。在教学过程中引入中国集成电路产业的现状和存在的问题，让学生了解国家的集成电路技术发展战略，并引导学生以国家需求为己任，努力学习专业知识，为解决这些瓶颈问题贡献自己的力量。

具体教学设计如下：

在讲解集成频率合成器MC145106时，分析其内部方框图和基本工作原理及外围连线图。由集成电路的现状引发学生对中国集成电路产业发展的思考。首先让学生通过手机搜索目前中国集成电路产业的现状，从市场供需、进出口情况和销售情况等多个方面进行分析，讨论目前中国集成电路存在的主要问题：生产设备和材料严重依赖进口，自主研发的设备缺乏，技术创新不足等。最后引导学生思考可行的解决策略，比如，建立和完善集成电路人才的培养；提倡和积极推动技术创新，增大科研投入力度；做好长期准备，整合优势产业资源，实现价值链升级等。中国的集成电路产业仍处在初步研究阶段，存在很多的不足之处，这些事实为学生的就业提供了指导方向和挑战机遇。鼓励学生致力于集成电路技术的研发，为国家的集成电路发展战略贡献力量，从而激发学生的忧患意识和责任担当。

第 5 章 “信号与系统”课程思政教学指南

5.1 “信号与系统”课程总论

1. “信号与系统”课程简介

“信号与系统”课程是面向电子信息类和自动控制类专业本科生的一门专业基础课，主要研究“信号的表示”和“系统的描述”，即信号在不同信号域中的表示和相互转换，以及基于信号表示的系统响应及其在不同信号域中的系统描述。本课程一般在大学二年级开设。前期要学习的基础课程有“高等数学”“大学物理”“电路分析”等，后续课程有“数字信号处理”“通信原理”“电磁场与电磁波”“自动控制原理”等。

2. “信号与系统”课程的教学体系结构

“信号与系统”课程由理论课和实验课组成，采用理论与实践紧密结合的教学体系。

3. “信号与系统”课程的教学目标

1) 知识与能力教学目标

本课程的主要内容可以分为信号的表示和系统的描述两部分，具体内容包括信号与系统分析导论，信号与系统的时域分析、频域分析、复频域分析，系统的状态变量分析，以及信号处理在生物神经网络中的应用。通过本课程的理论教学和实验训练，学生应牢固掌握信号与系统的基本原理和基本分析方法，具备分析处理信号以及与系统响应相关的工程问题的能力。具体的知识与能力教学目标如下：

(1) 掌握信号与系统的时域、变换域分析方法，掌握信号表示与系统描述的基本思想；

(2) 深刻理解各种信号变换(傅里叶变换、拉普拉斯变换、Z 变换)的数学概念、物理概念和工程概念；

(3) 具备利用 MATLAB 工具进行信号计算与系统响应分析的能力；

(4) 能够利用所学知识对具体问题进行分析，可以独立完成信号与系统的实验项目、课程设计等实践环节。

2) 课程思政教学目标

在教学过程中，应采用适当的教学方式，实现以下课程思政教学目标：

(1) 在深刻理解信号与系统分析方法、掌握信号表示与系统描述知识的基础上，学会使用唯物辩证法和严谨的科学研究方法来分析和解决问题，树立克服困难的决心。

(2) 在掌握信号变换的数学、物理以及工程概念的基础上，鼓励学生积极投身基础学科研究中，引导学生关注与课程相关的科学技术现状，了解目前本专业相关技术的瓶颈，激发学生的爱国热情，增强科技强国的使命担当。

(3) 在掌握信号与系统的分析、计算方法的基础上，培养学生分析问题、解决问题的能力，同时培养学生严格遵守各种标准规定的良好行为习惯，增强法律意识，做新时代的文明青年。

(4) 在学习和实践运用 MATLAB 工具进行信号与系统分析的基础上，培养学生认真负责、踏实敬业的态度和严谨求实、一丝不苟的作风。

(5) 在介绍电子通信技术的发展时，通过对科学家生平贡献的介绍，让学生了解信号与系统中所涉及的重要变换和定理都凝聚了若干科学家的心血，引导学生树立探索科学、追求真理的信念，锻炼学生不畏艰难的精神，培养学生良好的科学素养。

4. 常用专业教材

采用陈后金主编的《信号与系统(第 3 版)》(高等教育出版社出版)。本教材第 1 版于 2007 年编写，多年来，经过两次修订，目前第 3 版已经成为国内大学的常用教材。该教材注重突出“信号表示，系统描述”的教学内涵，对教材的体系和内容进行了科学组织，体系结构清晰，内容叙述深入浅出；同时，围绕“为什么、是什么、做什么”展开各知识模块，表述简洁清晰，并将面向实际的案例贯穿到教学内容中。该教材整体内容突出基本概念和基本方法，通过 MATLAB 等信息技术淡化计算技巧，强化学而善用，使学生从枯燥的理论中解放出来，知道为什么用、怎么用，大大激发了学生的学习兴趣。

5.2 “信号与系统”课程思政教学设计案例

一、信号与系统分析导论

1. 知识与能力培养目标

信号与系统分析导论一章主要介绍信号与系统的基本概念、分类，线性系统和非时变系统的特性，以及信号与系统分析的基本内容和方法。

具体培养目标如下：

(1) 掌握信号的定义及分类；

(2) 掌握系统的描述、分类及特性；

(3) 理解信号与系统之间的关系；

(4) 掌握确定信号及线性系统和非时变系统的特性。

2. 课程思政元素挖掘及教学设计案例

★ 在讲解信号的定义及分类时，对消息和信息进行对比，同时列举不同的信号模式，使学生认识到信号范围广泛，涉及生活的方方面面。以此要求学生在看问题时能够透过现象看本质，避免思维僵化，要用唯物辩证思维解决问题。

具体教学设计如下：

首先，教师利用图片或视频向学生展示我国古代的结绳记事、烽火通信、击鼓鸣金等消息传递方式，再通过对比列出现代的无线通信方式，包括手机通信、空天通信等，让学生对信号首先有一个直观的认识。然后，教师提出问题：“你身边有哪些消息和信号？”并用智慧教学工具的弹幕形式展示学生的思考结果，引导学生了解消息和信号的区别，引出“信号是消息的表现形式与传送载体”的定义。最后，教师从社会进步需要交流，也就是需要信号的表达和传递这个角度，分析信号对人类的生产、生活方式的影响，加深学生对学习这门课程重要性的认识。教师还可以引导学生在解决问题时要勇于打破常规固有的思维方式，要透过现象看本质，用唯物辩证思维来思考问题，从而提出合理的解决方案。

★ 在讲解信号与系统的关系时，强调信号与系统的相互依存关系。这种相互依存的关系可以通过师生关系、个人与集体的关系等来比拟，不仅能使学生深刻理解信号与系统两者的关系，更能激发学生自强奋斗的精神，还能使学生认识到国家的强大离不开全国各族人民的共同努力，以此激发学生科技报国的家国情怀和勇于担当的使命感。

具体教学设计如下：

首先，教师介绍信号与系统两者之间的关系：信号的产生、传输和处理离不开系统；而没有信号，系统也失去了存在的意义。它们相互影响，是一个相互依存、统一的整体，缺少任何一方，另一方都没有存在的价值和意义。然后，类比“师生关系”或“个人与集体”的关系让学生加深理解。例如，个人和集体也是相互依存关系，集体中的每个人都是重要的，再上升到国家层面，国家的强大和进步离不开每一个公民的努力，而每个学生的进步都是在为我们国家的强大添砖加瓦。以此引导学生深刻理解社会主义核心价值观的内容，激发学生科技报国的家国情怀，培养学生的集体荣誉感，建立正确的价值观、人生观和世界观。

★ 在讲解信号与系统的应用时，首先通过列举生活中存在的各种通信、监测和控制系统，说明信号与系统的应用无处不在，信号与系统的知识无处不用，并指出现代社会是一个信息社会，国家的进步离不开信息技术的进步。然后列举实例：在各项高精尖技术被外国封锁的情况下，我国科学家自力更生，自主研发了大量具有独立知识产权的技术。由此提升学生的民族自信心与自豪感，增强科学研究的动力，达到双重育人的效果。

具体教学设计如下：

首先，教师通过视频的形式向学生展示：2021 年 7 月河南洪水灾害中搭载着中国移动无线通信基站的翼龙大型长航时无人机从贵州安顺起飞，在受灾地区滞空超过 5 个小时，为灾区人民提供了应急通信保障的生命线；再通过图片快闪的方式向学生展示北斗导航系统、高铁信号系统、天眼系统、5G 通信系统等先进的系统。然后，介绍我国科学家在外国技术封锁打压下刻苦钻研所取得的巨大成就，以此培养学生不畏艰难、勇于创新的科学精神。最后，教师结合我国近几十年取得的辉煌成就，联系中华上下五千年的悠久文化，增强学生的民族自信心和自豪感，提升学生的制度自信和文化自信。

二、信号的时域分析

1. 知识与能力培养目标

信号的时域分析一章是信号与系统分析的基础内容，主要介绍信号与系统分析中常用的基本信号、基本运算、基本分解以及信号的时域表示，其中基本信号和基本运算是进行信号表示的基础。本章对连续信号和离散信号进行分析，侧重数学概念和物理概念的描述，强调连续与离散之间的对应关系和差异性。在介绍信号的时域时，指出连续时间信号可以表示为冲激信号的加权叠加，离散信号可以表示为脉冲序列的加权叠加，从而将复杂信号的分析转化为简单基本信号的分析，这正是信号时域分析的精髓。

具体培养目标如下：

(1) 掌握典型连续信号与离散信号的定义、特性及相互关系；

(2) 掌握连续信号与离散信号的基本运算；

(3) 掌握信号的分解方法(任意连续信号可分解为冲激信号的线性组合，任意离散信号可分解为单位脉冲序列的线性组合)；

(4) 能够利用 MATLAB 工具表示基本信号并进行信号运算。

2. 课程思政元素挖掘及教学设计案例

★ 在讲解信号的基本运算时，涉及较多的数学知识，容易使学生产生畏难心理。教师在讲课过程中，一方面要适时强调“信号与系统”课程实际上是一门物理课，对数学运算只要求掌握基本方法，复杂的计算可以借助计算机来进行；另一方面要鼓励学生迎难而上，从简单到复杂，多做练习，只要不放弃，终将获得成功。

具体教学设计如下：

教师在讲解连续信号的基本运算前，先给学生讲述简单三角波和矩形波信号的基本运算，然后通过智慧教学工具推送一道随堂练习：已知基本信号 $x(t)$，求 $x'(t)$。分析：该信号实际上是三角波与矩形波信号的线性叠加，即沿坐标横轴平移后相加得到。因此，在分析叠加得到的信号时，可将其分段处理，即分别对每段信号进行处理，然后把处理结果进行叠加。这样不仅使学生掌握了复杂信号的表示和分析方法，也培养了学生解决复杂问题的能力。以此告诉学生：在学习和生活中也会遇到比较复杂和棘手的问题，在面对这些问题时，一方面要学会化繁为简，将复杂问题简单化，采用各个击破的方式；另一方面要用积极的态度面对，积极思考解决方案，将压力转化为动力，养成积极的学习和生活态度。

★ 在讲解信号分解时，将连续时间信号和离散时间信号分别表示成冲激信号和脉冲序列的线性叠加。这是信号分析与处理的基本思想：将复杂信号的分析转化为基本信号分析的叠加。这一思想蕴含了丰富的哲学理念：对简单与复杂事物及其相互关系进行分析与认识时，可以在肯定简单性原则对复杂事物认知的重要性的同时，强调如果复杂事物满足简单要素的组合，就可以用简单事物的分析方法全面地、正确地理解复杂事物，用简单与复杂辩证统一的视角来认识与把握客观世界。

具体教学设计如下：

首先，教师通过动画、视频等形式向学生展示连续和离散信号的合成过程，然后指出连续信号可以等效为无穷多个冲激信号的叠加，因此对连续信号的运算可以用多个冲激信号的运算结果进行叠加而获得，这一思想可以使复杂问题简单化。由此告诉学生在面对复杂问题时，不要被困难的表象吓倒，要学会把复杂问题拆解成简单问题的组合，一步步克服困难。再进一步指出，在学习中遇到专业知识方面的难题时，要善于综合极限思想、等效思想等思考问题，将问题简单化、条理化，从而锻炼学生解决问题的能力。另外，还可以引出知识也是由一个个的知识点组合而成的，只有重视每一个知识点，才能形成一个完美的、复杂的知识体系，鼓励学生珍惜大学阶段的学习，利用学校提供的丰富资源，学好基础知识和专业知识。

★ 在讲解利用 MATLAB 工具进行信号的时域分析时，通过编程练习，让学生了解 MATLAB 工具的编程原则和基本编程方法，提醒学生编程时要注意编写规范以及中英文符号的区别等，以此培养学生严谨的思维，培育大国工匠精神。

具体教学设计如下：

在进行 MATLAB 实验时，教师布置编程任务后，让学生自行分组进行探究实验。在各小组合作完成编程并提交最终实验结果后，教师带领学生进行组间评比，分析不同程序编写之间的差别和优劣，对程序进行优化，找到最佳的编程方案。以此培养学生理性思维的科学素养，提高学生的交流、沟通能力和团队协作能力。通过组间评比建立良性竞争机制，增强学生的竞争意识，以适应进入社会的竞争压力。通过编程中的更正和优化，培养学生精益求精和严谨规范的工匠精神。

三、系统的时域分析

1. 知识与能力培养目标

系统的时域分析一章主要介绍基于信号的时域表示，分析信号通过线性非时变系统所产生的响应，从而揭示信号作用于系统的机理，并给出相应的系统的时域描述。

具体培养目标如下：

(1) 掌握线性非时变连续时间系统与离散时间系统的时域描述方法；

(2) 了解连续时间系统冲激响应的求解与离散时间系统单位脉冲响应的求解过程；

(3) 掌握利用卷积法计算连续时间系统与离散时间系统的零状态响应方法；

(4) 能够利用 MATLAB 工具对系统进行时域分析。

2. 课程思政元素挖掘及教学设计案例

★ 在讲解线性非时变系统的响应时，指出系统的零状态响应取决于系统的输入信号，不同的输入信号得到的输出响应结果不同。以此引申出人生观和价值观的形成取决于每天的所见、所闻和所想，引导学生重视日常生活、学习中对信息的获取，汲取正能量，树立正确的人生观、价值观和世界观。

具体教学设计如下：

教师采用动画或图片等方式展示同一个系统在不同的输入信号作用下产生的输出信号，并对当前信息时代网络上的各种言论和视频进行简单的展示和总结，让学生明白人体不仅是一个精密且复杂的系统，还有自己的思想，每天要接收很多不同的“输入信号”，有积极的，也有消极的，大脑会对这些不同的信息产生相应的“响应”，形成自己的思维方式，直接影响着人生观、价值观和世界观的形成。学生要通过调整自身的心理状态，对网络上的信息做到“择其善者而从之，其不善者而改之”，分辨信息的真假、好坏和利弊，要多听、多读、多看有益的内容，自觉屏蔽网络上不健康的内容，树立正确的人生观、价值观和世界观。

★ 在讲解离散线性非时变系统的序列卷积和的计算时，指出序列卷积和的计算除定义法外，还可以选择图形法、列表法等多种方法。以此引申出解决问题时可以从不同角度去分析问题，鼓励学生迎难而上，拓宽视野，寻找合适的突破口，培养学生的抗压能力、分析问题的能力和创新精神。

具体教学设计如下：

首先，教师通过智慧教学工具推送一道随堂练习：根据序列卷积和的定义计算两个离散序列的卷积和；然后，以板书形式展示由计算连续信号卷积的图形法引出计算离散序列卷积和的图形法的过程；最后，给出列表法的计算原则。通过对比，可以看出相对于利用定义和图形法的求解，列表法要简单得多。以此引申出学生在解决问题时，要注意转换思路，培养创新思维能力，避免思想僵化，要采用多种方式思考问题。

★ 在讲解系统特性的因果性时，指出因果系统的输出仅仅与输出时刻之前的输入信号有关，即系统的输出滞后于输入，并说明自然界存在的系统都是因果系统，人类对自然界的改造这一“输入”会对未来的自然界产生深远的影响。以此引导学生树立环保意识，重视生态平衡，促进社会和谐发展。

具体教学设计如下：

首先，教师采用动画形式向学生展示因果系统的输入和输出之间的关系，说明自然界中存在的系统都是因果系统，因此大自然就是一个典型的因果系统。然后，教师说明目前全球变暖趋势严重，海平面上升、极端恶劣天气增多、冰川融化、寒冷季节缩短等一系列的不良后果都是由于人类对大自然的破坏行为这一“输入”造成的。一方面让学生认识到保护生态环境的重要性，引导学生从自身做起，从小事做起，努力践行“金山银山不如绿水青山”的环保理念，为促进人与自然和谐共生贡献自己的力量；另一方面引导学生理解科技发展与生态环境的相互关系，以及“可持续发展”这一科学发展观的基本要求。

四、信号的频域分析

1. 知识与能力培养目标

信号的频域分析一章首先从信号表示的角度介绍连续信号的连续傅里叶级数和离散信号的离散傅里叶级数，然后引入信号的频谱，并根据傅里叶级数的性质介绍信号的时域与频域之间的对应关系，同时介绍其数学概念和工程概念。

具体培养目标如下：

(1) 掌握连续周期信号、连续非周期信号的频域分析方法；

(2) 掌握离散周期信号、离散非周期信号的频域分析方法；

(3) 深刻理解和灵活应用时域抽样定理与频域抽样定理；

(4) 能够利用 MATLAB 工具进行信号的频域分析。

2. 课程思政元素挖掘及教学设计案例

★ 周期信号的频域分析是将信号表示为正弦类信号或虚指数信号的线性组合，即通过傅里叶级数将时域信号映射到频域，从频域诠释信号的频率特性，并从频域分析输入、输出和系统三者之间的关系。傅里叶是 19 世纪初法国数学家和物理学家，他提出满足一定条件的时域信号可以表示为一系列正弦(或虚指数)信号的加权叠加，它们统称为信号的傅里叶表示。通过向学生介绍傅里叶的科学研究贡献，引导学生要相信科学，不要有唯心主义观点。

具体教学设计如下：

在讲授连续周期信号的频域表示时，首先从连续周期信号的时域表示引入连续信号的频域表示，然后提出问题：连续周期信号可以表示为一系列不同频率的正弦波的加权叠加的理论基础是什么？让学生用手机查找资料，教师再用智慧教学工具将查找的结果以弹幕形式呈现出来，并以词云形式给出弹幕统计结果。最后教师总结：在傅里叶之前，欧拉(Euler)曾提出过类似的结论，将时域信号表示为正弦类信号，但由于当时学者们对这一结论存在争论，因此欧拉没有继续深入探究下去，最终这一理论成果以傅里叶命名。以此让学生明白，在学习过程中不要因为他人的争议而放弃自己的追求，要领会科学家的钻研精神，树立正确的奋斗目标，为实现目标做出自己的努力，成为对社会和国家有用的人才。

★ 在讲授信号的频谱分析时，强调将时域信号转换到频域使用的是傅里叶变换，以此引导学生在日常生活中处理问题时，要学会转换角度，转换思维，多方面、多视角地分析问题，提升自己的综合分析能力。

具体教学设计如下：

教师讲解了指数形式的傅里叶级数和三角函数形式的傅里叶级数后，进行对比并采用板书形式推导两者之间的转换关系。然后让学生分组讨论，找出其中的内在联系以及表示方式的不同，以此引导学生在遇到问题时，可以从多个角度分析问题，找出解决问题的方法。

★ 抽样定理又称为奈奎斯特采样定理，是为了纪念奈奎斯特 1928 年提出的与抽样定理相关的研究成果而命名的。提出问题：以中国科学家名字命名的定律、定理、理论、效应和常量有哪些？学生通过网络查找资料，将找到的答案进行汇总，以此提升学生的民族自豪感，增强文化自信，树立科技报国的远大志向。

具体教学设计如下：

教师在讲授抽样定理前，让学生查阅抽样定理的相关背景知识，了解抽样定理(奈奎斯特)命名的由来，目的是让学生明白这个看似简单的命名，却代表着国家科技发展的速度和水平，代表着科学家为此付出的努力，也代表着人们对科学家付出的认可。然后提出问题：以中国科学家名字命名的定律、定理、理论、效应和常量有哪些？学生通过网络查找出黄散射、陈氏定理、杨辉三角、华氏定理、史一安不对称环氧化等，这些看似简单的名字却代表着我国科技的飞速发展，代表着我国科技实力和国家实力的增强。最后教师指出，一代又一代的科学家们通过自己的努力为国家的发展奉献了自己的一生，用“路漫漫其修远兮，吾将上下而求索”的精神实现科技强国，以此提升学生的民族自豪感，增强文化自信，树立科技报国的远大志向。

五、系统的频域分析

1. 知识与能力培养目标

系统的频域分析一章通过卷积定理，建立系统时域与频域之间的联系，主要内容包括连续系统频率响应的概念、系统零状态响应的频域求解方法、无失真传输系统和理想滤波器、离散系统的频域分析、信号的幅度调制与解调、连续系统频率响应和离散系统频率响应的物理概念及工程概念。

具体培养目标如下：

(1) 掌握连续系统频率响应和离散系统频率响应的物理概念；

(2) 掌握连续系统响应和离散系统响应的频域分析方法，重点掌握正弦稳态响应的特点；

(3) 掌握理想滤波器的特性；

(4) 掌握信号幅度调制与解调的基本原理。

2. 课程思政元素挖掘及教学设计案例

★ 滤波器可以使有用频率信号通过，同时抑制无用频率信号。在讲解理想滤波器设计时，指出理想滤波器虽然无法实现，但是利用理想化分析方法可以使问题简单化，且不影响滤波器性能的分析，以此提醒学生要不断完善自己的学习方法，提升学习效率。从傅里叶级数扩展到傅里叶变换时，把周期看成无穷大，把非周期信号看成周期信号，利用极限化思想引出傅里叶变换。通过构造冲激偶、冲激、阶跃等理想化奇异信号，分析信号与系统问题，使问题简单化。将信号转换成无穷多个冲激信号的叠加形式，然后将冲激信号加入系统获得冲激响应，再将冲激响应叠加获得信号的响应，使复杂问题简单化。以此引导学生在面对困难时，要树立克服困难的决心，学会把复杂问题分解为多个简单的问题，寻找合理的方法逐一解决；在分析和解决问题时，要将所学的知识融会贯通、举一反三。

具体教学设计如下：

在讲解傅里叶变换和傅里叶级数之间的关系以及信号的叠加分析时，提出解决问题的方法：化繁为简，融会贯通，举一反三。然后以学生参加“挑战杯”“互联网+”和“大学生创新创业大赛”等课外实践活动为例，引导学生在面对新的、复杂的项目或课题时，首先要树立信心，然后根据具体要求将问题分解，利用所学知识对每个小问题进行分析并提出解决方案，以此培养学生分析和解决问题的能力。

★ 信号的调制在通信系统中有着广泛的应用。在无线通信系统中，由于低频信号的波长较长，若直接传输低频信号，则所需的天线尺寸可达数十千米，因此需要先将低频信号通过调制变为高频信号，再通过合适尺寸的天线将高频信号辐射出去，才能实现低频信号的无线传输。从传输效率上看，无论是有线通信系统还是无线通信系统，基带信号一般都需要经过调制，而后才能发送出去。对传输信号的不同载波进行幅度调制可实现频分复用，对传输信号进行脉冲幅度调制可实现时分复用。复用技术能极大地提高频谱利用率和用户服务质量。从通信的基带传输到通带传输，再到复用技术，都体现了科技的不断进步和人类社会发展的需求。以此引申到学生要不断地学习，不断提升知识储备，为人类的进步和国家的发展贡献力量。

具体教学设计如下：

教师在讲授基带、调制和频分复用时，首先介绍其概念、原理以及它们之间的关联和发展关系，以此引导学生要不断更新知识，跟上社会和科技的发展步伐，要善于在需求驱使下进行有益的革新。然后引用《礼记·大学》中的“苟日新，日日新，又日新”，告诉学生要勤于自省，要用发展的眼光看待事物，加强自身知识的积累和革新，养成“活到老，学到老”的学习习惯。同时，要珍惜时光，“莫等闲，白了少年头，空悲切”，鼓励学生活在当下，竿头日进。另外，通过科技的不断变革，培养学生的创新意识、创新思维和创新能力。

六、连续信号与系统的复频域分析

1. 知识与能力培养目标

连续信号与系统的复频域分析一章主要介绍拉普拉斯(Laplace)变换及其基本性质，以及利用 Laplace 变换求解连续系统的零输入响应和零状态响应的方法。连续信号与系统的频域分析，揭示了信号与系统的内在频率特性，是信号与系统分析的重要方法。但频域分析也存在一些不足：其一，某些信号不存在傅里叶变换，因而无法利用频域分析法；其二，只有稳定的系统才可用系统的频率响应进行描述。因此，出现了另一种连续信号与系统分析方法。这种方法以 Laplace 变换为工具，将时域映射到复频域(S 域)，在复频域实现连续时间系统的描述。复频域分析是频域分析的推广，更具有一般性。

具体培养目标如下：

(1) 熟练掌握信号单边 Laplace 变换及其基本性质；

(2) 能利用单边 Laplace 变换法求解连续系统的零输入响应和零状态响应；

(3) 重点掌握连续时间系统的系统函数与系统特性(时域特性、频率响应和稳定性)的关系；

(4) 掌握连续时间系统的直接型、级联型和并联型模拟框图。

2. 课程思政元素挖掘及教学设计案例

★ 利用傅里叶变换方法，任意非正弦信号可表示为不同频率正弦信号的叠加，因此，非正弦信号的频率响应就可用不同频率的正弦信号的频率响应叠加而得到。如果信号在时间轴上不可积，傅里叶变换就不再适用，因此出现了拉普拉斯变换。拉普拉斯变换证明，时间轴上不可积的信号虽然不能分解成正弦信号的叠加，但仍然有可能分解成幅度(峰值)随时间呈指数规律增长的正弦信号之和，也就是若干(无数)不同频率的幅度呈指数增长的正弦信号的叠加。以此引导学生要具体问题具体分析，它是唯物辩证法的矛盾观的重要方法论。

具体教学设计如下：

教师在讲授信号的拉普拉斯变换时，通过对比拉普拉斯变换和傅里叶变换的联系与区别，引导学生认识到“具体问题具体分析”这种唯物辩证法的矛盾观的重要性(具体问题具体分析是唯物论的集中体现，只有具体问题具体分析，才能做到实事求是)，培养学生具体问题具体分析的唯物辩证法的矛盾观。

七、离散信号与系统的复频域分析

1. 知识与能力培养目标

离散信号与系统的复频域分析一章主要介绍离散时间序列的 Z 变换及其性质，以及利用 Z 变换进行复频域分析和描述离散时间系统的方法。利用 Z 变换可将时域离散信号映射到 Z 域，从而实现离散信号的复频域表示，完成离散系统的复频域描述。复频域分析的主要目的是更加有效地分析和描述系统，解决系统时域和频域分析的某些局限性。

具体培养目标如下：

(1) 掌握离散信号的复频域分析方法；

(2) 掌握离散时间线性时不变(LTI，Linear Time Invariant)系统的复频域分析方法；

(3) 掌握离散时间 LTI 系统函数与系统特性；

(4) 掌握离散时间系统的模拟方法；

(5) 掌握利用 MATLAB 工具实现离散信号与系统复频域分析的方法。

2. 课程思政元素挖掘及教学设计案例

★ 在讲解离散信号与系统的复频域分析方法时，会涉及较多的数学知识。对于学生而言，数学公式的推导有些枯燥，教师可通过介绍中国古代数学的辉煌发展历程，激发学生的学习兴趣，强调数学知识的重要性(尤其在高新技术领域)。以此增强学生的民族自信力，鼓励学生要善于以数学为工具，勇于探索，为国家的科技发展作出贡献。

具体教学设计如下：

首先，教师要明确本章学习对象区别于第 6 章的连续信号，是对离散信号的复频域分析，会涉及较多的高等数学知识。然后设计分组调研任务，让学生分组查阅中国古代数学(或算术)的发展历程，以及数学在各个社会领域中的应用，并组织课堂小组讨论，说明数学在物理、化学、生物、经济学、管理学乃至文、史、哲等相关学科领域的重要作用，以及数学思维是促进社会进步的有力工具。从甲骨文卜辞中记录的数字，到用于记数和做四则运算的算筹，都体现了中华民族在数学方面的伟大智慧；《礼记·内则》篇提到，西周将“数”作为六艺之一，成为专门的课程，足见中国古人对数学教育的重视程度；春秋战国时，算筹记数法已经使用十进位制，这种记数法对世界数学的发展具有划时代的意义。以此激发学生学习数学的兴趣和热情，增强学生的民族自信和文化自信。最后指出，目前很多高新技术的发展离不开数学的支持，引导学生想要为国家的科技发展作出卓越贡献，就要以深厚的数学理论为基石，勇于探索。

★ 在讲解单边 Z 变换时，首先提出问题：单边 Z 变换在实际应用中只能描述因果离散系统，如何分析非因果的离散系统？然后由单边 Z 变换引出双边 Z 变换。由于双边 Z 变换的教学内容(定义、收敛域、主要性质、反变换)和单边 Z 变换的相似，因此可以使用类比的学习方法学习，以此帮助学生建立新知识与已学知识的联系，提高学习效率。

具体教学设计如下：

首先提出问题：单边 Z 变换主要解决因果离散系统的问题，那么对于非因果的离散系统该如何分析？引出双边 Z 变换分析方法，并说明两类变换的联系和区别。然后指出：双边 Z 变换的定义、收敛域、主要性质、反变换与单边 Z 变换有相似之处，因此可以使用类比的学习方法学习新知识，以此帮助学生建立学习新知识的自信，建立新知识与已学知识之间的联系，提高学生探究新知识的能力。类比方法的正确使用，能帮助学生实现知识点的正向迁移，培养学生类比推理的学习能力。

八、系统的状态变量分析

1. 知识与能力培养目标

系统的状态变量分析一章介绍当系统具有多个输入与输出变量时，利用状态变量法描述系统的基本方法，即系统的状态变量分析法。该方法可以根据需要，研究系统内部的一些变量的变化规律，以方便设计和控制参数，实现最佳控制。

具体培养目标如下：

(1) 掌握建立连续时间系统状态方程的方法；

(2) 掌握连续时间系统状态方程的求解方法；

(3) 掌握建立离散时间系统状态方程的方法；

(4) 掌握离散时间系统状态方程的求解方法；

(5) 掌握利用 MATLAB 工具求解连续时间系统和离散时间系统状态方程的方法。

2. 课程思政元素挖掘及教学设计案例

★ 系统的状态变量分析法虽然较好掌握，但学生不清楚该方法能解决哪类问题。因此，在学习了复杂系统的状态变量分析法后，要进行总结。为加深学生对系统的状态变量分析法的理解，可以结合应用实例进行讲解，培养学生应用所学知识解决实际问题的能力。

具体教学设计如下：

首先，要让学生知道学习系统的状态变量分析法是为了解决复杂系统的相关问题，然后提出问题：系统的状态变量分析法有哪些具体的应用？学生以分组的方式查阅文献，进行讨论和汇报。最后，教师指出，系统的状态变量分析法在监控程序设计中有着重要的应用，并以系统的状态变量分析法在智能仪器监控程序中的应用为例，让学生了解理论知识与实际应用的结合点，强调系统的状态变量分析法应用的关键问题。

此教学设计既能帮助学生系统掌握状态变量分析法，又能引导学生用所学理论知识解决生活中的实际问题，培养学生理论联系实际的哲学思维。

★ 在利用 MATLAB 工具进行系统的状态变量分析时，首先用实例说明状态变量分析法的实际应用，然后用 MATLAB 工具进行状态变量的仿真分析，发挥 MATLAB 工具在科学计算方面的优势，以此引导学生在学习中要树立正确的态度，正确合理地利用身边的合法资源，发挥资源的优势，树立正确的价值观。

具体教学设计如下：

首先，教师根据给出的状态变量分析法的应用实例，利用 MATLAB 工具进行系统的状态变量分析，并指出 MATLAB 工具在自动控制、机械设计、流体力学和数理统计等领域的巨大优势。然后让学生思考：作为一名大学生，如何发挥自己的优势或特长？最后，教师以马克·吐温的演讲能力为例，指出他发挥了自己风趣幽默、才思敏捷的优势，在全国巡回演说中将自己的优势发挥得淋漓尽致，最后成为一名赫赫有名的演说家，以此引导学生树立正确的价值观，在专业课的学习中认清自身的优势，努力实现自己的人生目标。

九、信号处理在生物神经网络中的应用

1. 知识与能力培养目标

“信号与系统”课程所述的理论和各种分析方法不仅在通信和控制等领域得到了广泛应用，而且在生物医学领域也有着重要的应用。信号处理在生物神经网络中的应用一章首先简单介绍神经元的生理结构和生化组成，生物神经的复杂性使得实验数据数量有限且不完整，因此，实验数据处理必须与数学模型有机结合；然后利用信号与系统的理论建立生物神经网络的等效电路和对应的数学模型，并通过数值计算方法分析生物神经网络的响应特性。

具体培养目标如下：

(1) 理解神经元的生理结构及生化组成，了解神经网络中神经元的数学模型；

(2) 理解静息状态下的神经元等效电路；

(3) 理解激励状态下的神经元等效电路；

(4) 理解 Hodgkin 和 Huxley 神经元的数学模型；

(5) 了解等间隔步长、自适应步长和混合数值等数值计算方法。

2. 课程思政元素挖掘及教学设计案例

★ 信号与系统的理论和方法在通信、控制以及生物医学等领域都有着重要的应用。当前在国家重大战略需求的驱动下，多学科交叉已成为科学研究的热点，这既是应对变局、开拓新局的需要，也是面向未来、决胜未来的必然需求。以此引导学生要关注国家战略需求，积极拓宽视野，拓宽知识面，寻找本专业和其他领域的交叉点，树立勇攀科技高峰的信念和远大目标。

具体教学设计如下：

首先，提出问题：信号与系统的应用领域有哪些？组织学生分组讨论，由小组代表简述其讨论结果。然后，教师进行总结：“信号与系统”课程的理论和分析方法，不仅在通信和控制领域得到了广泛应用，在生物医学领域也有着重要的应用。最后指出：建立学科之间的联系，注重学科交叉，是当前广泛应用的科学研究方法。该方法蕴含了联系和发展的辩证关系，以此引导学生注重学科交叉，积极探索本学科和其他学科的交叉点，总结进行交叉融合的新方法，树立攀登科技高峰的理想和信念。

★ 在讲解建立神经元等效电路时，首先讲解简单的静息状态下，膜电位保持不变时，细胞膜的电容特性呈现开路的简单神经元等效电路；再讲解神经细胞受触发时，膜电位发生变化，细胞膜表现出电容特性受激励状态下的神经元等效电路；最后讲解复杂的神经网络中的神经元等效电路。以此引申出：从简单到复杂，再从复杂到简单是分析问题、解决问题的必经阶段，对于简单的分析过程，思想上不能麻痹大意、掉以轻心，对复杂过程的理解也不能因缺乏信心而逃避。

具体教学设计如下：

首先提出问题：实际的神经元都处于生物神经网络中，任何神经元呈现的外部特性都是神经网络中的诸多神经元共同作用的结果，那么如何为神经网络中的神经元建立等效电路呢？然后引导学生从已学的知识中寻找解决问题的突破口，为神经元网络建立神经元等效电路。利用从简单到复杂的方法，先给静息状态下和激励状态下的神经元建立限定条件下的等效电路，再根据神经网络中神经元通过化学突触和电突触与其他神经元的相互作用，建立相应的等效电路。最后，总结神经元等效电路的建立方法。以此帮助学生理解神经网络中神经元数学模型的建立思想，了解复杂神经元网络简单化分析的过程，培养学生由简单到复杂分析问题的能力，以及由简单到复杂解决问题的能力。

第 6 章 “通信原理”课程思政教学指南

6.1 “通信原理”课程总论

1. “通信原理”课程简介

“通信原理”课程是研究通信系统和通信网的基本概念、基本原理，以及通信系统的组成、分析和设计的一门实践性很强的课程，是电子科学与技术、通信工程和信息类专业本科生必修的一门专业课。本课程一般在大学三年级上学期或三年级下学期开设。前期要学习的基础课程有“概率论与数理统计”“电路分析”“模拟电子技术基础”“数字电子技术基础”“高频电子线路”“信号与系统”“数字信号处理”，后续课程有“光纤通信”“移动通信”“通信系统集成电路设计”等。

2. “通信原理”课程的教学体系结构

“通信原理”课程由理论课、仿真训练和实验操作组成，采用理论、仿真和实践相辅相成、紧密结合的教学体系。

3. “通信原理”课程的教学目标

1) 知识与能力教学目标

本课程的主要内容包括通信系统的基本概念及组成，信息的概念及度量，确知信号和随机信号的时域与频域性质，信道及信道容量，模拟调制系统的原理、性能和抗噪声分析，数字基带传输系统的组成与工作原理，码间串扰产生的原因和改善方法，数字带通传输系统的工作原理和抗噪声性能分析，新型数字带通调制技术的基本原理和典型电路，数字信号的最佳接收分析，差错控制编码的原理，正交编码与伪随机序列的原理和应用，同步原理等。通过本课程的理论教学、仿真训练和实验操作，学生能够熟悉通信原理的基本概念和基本理论，掌握通信系统的分析和设计方法，并能解决通信相关工程的基本问题。具体的知识与能力教学目标如下：

(1) 具备阅读通信系统框图和分析系统工作原理的能力；

(2) 了解常见的通信系统的器件与芯片及其工作原理；

(3) 掌握通信系统建模仿真的方法；

(4) 解决通信系统实验和简单通信工程中的常见问题。

2) 课程思政教学目标

在教学过程中，应采用适当的教学方式，实现以下课程思政教学目标：

(1) 在了解通信相关概念和通信技术发展历史的基础上，引导学生形成正确的人生观和价值观，树立正确的爱国理念，提升民族自豪感和自信心。

(2) 在深刻理解通信系统的组成、原理和性能的基础上，引导学生用辩证唯物主义方法思考问题，培养学生多角度分析和解决问题的能力，并掌握一般系统论的分析方法。

(3) 在熟悉通信系统仿真和实验操作的基础上，提升学生的综合素养，锻炼学生的团队协作能力，增强实验室安全意识，培养精益求精的新时代工匠精神。

(4) 在了解我国射频芯片工作原理和发展现状的前提下，培养学生的科学探索精神，引导学生遵守学术道德，摒弃学术不端行为。

(5) 在掌握数字频带传输系统工作原理的基础上，培养学生严谨的科研态度和积极的科学探索精神，培养逆向思维模式，提升创新、创业能力，弘扬科学家精神，树立科技报国的远大志向。

(6) 在拓展卫星通信最新知识的同时，提升学生探究科技前沿的敏锐度，注重知识的自我更新，提高适应新科技、新环境和新时代的能力，拓宽视野，培养做人做事的大局观。

4. 常用专业教材

采用樊昌信、曹丽娜编著的《通信原理(第 7 版)》(国防工业出版社出版)。该教材经过多次修订和更新，已经形成了准确、严谨和简明易读的特点，是国内大学常用的教材。本教材着眼于基本理论、核心内容和应用背景，注重章节之间相关内容的融会贯通，强调理论联系实际，对公式推导采取“化繁为简”的方法，便于理解和记忆；同时，结合通信技术的发展现状，适当增加新的技术和方法，注重相关领域最新研究成果的更新。对本教材的学习，不仅有利于激发学生学习的兴趣，丰富学生的通信技术理论知识，还有助于培养学生独立思考的能力和创新意识，以及解决实际问题的能力。

6.2 “通信原理”课程思政教学设计案例

一、绪论

1. 知识与能力培养目标

绪论部分主要介绍通信的基本概念，通信系统的组成、分类和通信方式，数字通信的优缺点，信息的定义及度量方法，信息量和平均信息量(熵)的计算，以及通信系统的两个主要性能指标——有效性和可靠性。本章的重点内容：数字通信系统的组成，信息量、熵、信息速率和误码率的计算；本章的难点内容：信息量和熵的概念及计算。

具体培养目标如下：

(1) 了解通信系统的组成、分类和通信方式；

(2) 掌握信息、消息和信号的含义，学会区分模拟信号和数字信号；

(3) 掌握信息的度量方式，会计算信息量、平均信息量(熵)和总信息量；

(4) 了解数字通信系统性能指标的定义、计算方法和关系。

2. 课程思政元素挖掘及教学设计案例

★ 在讲解通信发展史时，结合目前的前沿学科——量子通信，拓展学生的专业知识，引导学生树立正确的人生观和价值观。从驿站、烽火狼烟、飞鸽传书到有线电话、电报，再到无线电报、无线电话，一直到现在的广播电视、雷达、互联网、移动通信、卫星通信，系统介绍通信的发展简史，最后引出研究热点——量子通信。重点介绍量子通信的概念：量子通信是利用量子叠加态和纠缠效应进行信息传递的新型通信方式。同时介绍量子信息之父、著名物理学家、量子密码理论奠基人 Stephen Wiesner 的相关资料，增强学生学习专业知识的兴趣，引导学生树立正确的人生观和价值观，寻找人生奋斗的真正目标，做一个对国家和社会有用的人。

具体教学设计如下：

首先，采用播放视频的方法播放量子通信的科普视频，用语言描述量子通信的工作原理，引入量子通信的相关知识，介绍量子通信的理论基础：量子力学中的不确定性、测量塌缩和不可克隆三大原理。由此引出量子信息之父——著名物理学家、量子密码理论奠基人 Stephen Wiesner，概述他的一篇名为《共轭编码》的论文。在该论文中他提出的观点远远领先于他的时代，因而被期刊一次又一次地拒稿，经过将近 15 年的时间后才被发表。然而，这篇论文后来成为整个量子信息科学领域的基础文献，并成功启发后人提出了第一个量子密钥分发方案。以 Stephen Wiesner 的研究经历激励学生，无论是做科研还是生活和工作，都需要有百折不挠的精神、勇于探索的人生态度，以及淡泊名利的价值理念。最后介绍中国量子通信的发展现状：从 2016 年“墨子号”通信卫星成功升空，到 2017 年首条远距离量子保密通信干线——“京沪干线”开通，再到 2018 年国家提出建设广域量子保密通信骨干网，中国在量子通信领域取得的一系列令世界瞩目的成果离不开众多科研工作者的努力。以此激励学生增强学习专业知识的热情，引导学生树立正确的人生观和价值观，追求和实现自己的人生价值。

★ 在讲解通信系统的分类和通信方式时，指出调制方式有不同的应用领域，其中，脉冲编码调制(PCM)技术主要应用于卫星通信。然后介绍我国卫星通信技术的发展历程：1970 年成功发射第一颗自制卫星——东方红 1 号，经历了多代通信卫星的发展后，我国的卫星通信技术得到了长足发展。2020 年北斗卫星导航系统正式开通，标志着我国卫星定位进入高速发展的新阶段。北斗卫星导航系统的建立不仅打破了西方国家对导航定位系统的垄断，还促进了我国国际民航、海事和移动通信等方面的发展。以此增强学生的爱国情怀，树立科技报国的决心，提升民族自信心。

具体教学设计如下：

在讲解通信系统的分类和通信方式时，指出信号调制方式差异决定了应用领域的不同，其中卫星通信通常采用 PCM 方式。然后让学生利用搜索引擎查找我国研制和发射通信卫星的历史，同时介绍我国在卫星研发过程中经历的各种困难，展示我国在卫星通信技术上取得的辉煌成果；介绍各种不同系列的通信卫星，比如“东方红”系列卫星、通信试验卫星、“墨子号”量子通信卫星等，最后引出北斗卫星导航系统的建立运行，让学生感受到科技高速发展带来的民族自信心和民族自豪感。尤其是 2016 年“墨子号”量子通信卫星成功发射，标志着中国在量子通信领域超越美国，位于世界领先地位。以此激励学生树立科技报国的决心，增强爱国情怀，在学习中追求真理，将爱国热情转化为努力学习的动力。

★ 在讲解通信系统的组成时，注重培养学生的工程思维方式。通信系统的一般模型包括信息源、发送设备、信道、接收设备和受信者五个主要部分。这五个部分功能不同，需要相互连接才能完成信息的处理和传递，缺少任何一部分都无法完成传递任务。以此类比团队的作用，比如在参加大学生创新比赛、“互联网+”“挑战杯”等大学生课外创新创业项目时，需要每个学生发挥个人的优势，取长补短，共同完成任务。引导学生理解团队的意义，培养团队精神，提升集体荣誉感。

具体教学设计如下：

采用模型演示、小组讨论的方法进行教学。在讲解通信系统的组成时，首先提出问题：手机是如何完成通信的？带领学生复习高频电子线路的知识，再自由讨论手机通信的工作原理和移动通信的相关知识，最后结合通信系统的模型，以手机通信为例介绍信息源、发送设备、信道、接收设备和受信者五个主要部分的功能和工作原理。以此引导学生对团队协作精神进行思考：我国的“天宫”“蛟龙”“天眼”“悟空”和“墨子号”等国之重器的研发，让“可上九天揽月，可下五洋捉鳖”的梦想成为现实，这些国之重器都离不开众多研发者的精诚合作，国家的快速发展更离不开全国各族人民的团结，社会稳定也离不开许多坚守岗位的劳动者们，等等。再结合学生身边的各种团队竞赛，比如大学生创新创业大赛、“挑战杯”“互联网+”等活动，让学生认识到参加这些竞赛不仅能提升专业能力和语言表达能力，还能提升团队协作能力，是融入社会的重要试练机会。鼓励学生努力提高自身能力，发挥个人优势，积极参加课外活动，锻炼团队协作能力，培养集体荣誉感，真正理解团队精神的内涵。

二、确知信号

1. 知识与能力培养目标

确知信号一章主要讨论确知信号的特性和分类，介绍能量信号和功率信号的特点、信号的傅里叶级数和傅里叶变换；从频域和时域两个方面研究确知信号的性质：在时域中分析确知信号的自相关函数和互相关函数，在频域中介绍谱密度的概念及谱密度与相关函数的关系。本章的重点内容：确知信号的时域和频域性质，信号能量和功率的计算方法以及相关函数和谱密度的关系；本章的难点内容：确知信号的谱分析。

具体培养目标如下：

(1) 掌握确知信号的特性和主要分类；

(2) 熟悉信号的傅里叶级数和傅里叶变换的方法及性质；

(3) 掌握确知信号的能量和功率的计算方法，熟练运用巴塞伐尔定理；

(4) 掌握确知信号相关函数的定义和计算方法；

(5) 理解自相关函数和谱密度的相互关系，掌握两者之间的互求方法。

2. 课程思政元素挖掘及教学设计案例

★ 在介绍傅里叶级数知识时，结合傅里叶的生平，阐述傅里叶论文中提出的“任何连续周期信号都可以由一组适当的正弦曲线组合而成”的论断。这一论断遭到了当时著名数学家拉格朗日和拉普拉斯的否定，最终没有发表，直至拉格朗日去世，这篇论文才得以发表。以此启发学生要勇于探索未知领域，树立正确的、积极的科学探索精神，不要人云亦云，要坚持正确的观点。另外，结合傅里叶在科学研究中不放弃的精神，引导学生在生活、学习和工作中要有吃苦耐劳和坚忍的奋斗精神。

具体教学设计如下：

采用模拟演示的方法进行教学。在介绍傅里叶级数和傅里叶变换时，用小程序(或动画)演示三角函数叠加产生方波的过程，引出傅里叶 1807 年提出的“任何连续周期信号都可以由一组适当的正弦曲线组合而成”的论断。这一论断虽然现在被证明正确无误，但是在当时却遭到了著名数学家拉格朗日和拉普拉斯的否定，法国科学界因此拒绝了傅里叶相关论文的发表，直到 15 年后，傅里叶的这一论断才得以发表。以此引导学生要勇于坚持正确的观点，树立勇往直前的科学探索精神。根据傅里叶曲折的研究经历，结合学生在生活、学习和工作中遇到的难题、挫折和失意，引导学生在逆境中要有坚忍的奋斗精神和敢于面对挫折的勇气，培养学生解决困难的能力。

★ 在讲解确知信号的时域和频域性质时，对比确知信号经过线性时不变系统的时域和频域分析方法可知：确知信号在时域的卷积过程，变换到频域就变成了乘法运算，同样的模型却有着不同复杂程度的处理方法。由此引导学生在分析和解决问题时，要多思考、多类比，尝试变换角度看问题，提出不同的解决思路，制定不同的方案，优中选优，培养学生分析和解决问题的能力，同时提升学生的科学思维能力。

具体教学设计如下：

首先回顾前面学习的傅里叶变换的知识，结合确知信号时域和频域的性质讲解不同分析域的区别和联系。根据傅里叶变换的性质，在时域对确知信号需要进行卷积、积分、微分等复杂运算，而在频域只需要进行乘除运算，极大地减少了计算量。尤其在计算机技术发达的今天，这种变换更有利于利用计算机完成大规模的复杂计算。由此引导学生要跳出固有的思维方式，换个角度看问题，学会从不同角度分析问题，锻炼发散思维能力，提升多角度分析和解决问题的能力。

★ 在分析频谱特性时，结合计算机程序演示时间信号的频谱分析，并用图的形式显示结果；然后介绍某个时域信号傅里叶变换的程序实现方法，以及如何用图形表达波形和频谱，使结果可视化。以此提升学生使用常用软件进行仿真分析的能力，培养学生矩阵分析的思想；通过图形化展示，提高学生将理论分析结果可视化展示的能力，为参加大学生创新创业大赛、“挑战杯”和“互联网+”等科技活动提供支持，为将来科技论文写作奠定基础。

具体教学设计如下：

采用仿真演示的方法进行教学。在介绍傅里叶变换和反变换时，采用计算机高级程序语言编写程序，演示某个时域信号的傅里叶变换结果，并运行程序显示时域信号的波形和频谱图。以时域方波信号为例，它的傅里叶变换结果为抽样函数形式的频谱，设定方波信号的脉宽和幅度，可得到相应的频谱图。然后引导学生寻找频谱主瓣振幅和过零点与方波参数的关系，通过对比理论分析结果，让学生对傅里叶变换的结果有直观的了解。再通过参数扫描的方法改变方波参数(脉宽和振幅)，让学生观察频谱的变化情况，并总结变化规律。此教学设计主要通过仿真演示来介绍矩阵分析的思想，培养学生的矩阵分析思维及建模思想，提升学生使用图的形式展示结果的能力，以及分析结果和总结内在规律的能力。

三、随机过程

1. 知识与能力培养目标

随机过程一章主要介绍随机过程的定义及数字特征，让学生从随机变量和时间函数两个角度理解随机过程。具体内容包括平稳随机过程、高斯随机过程和窄带随机过程的定义、相关函数和谱密度，各态历经性的定义和性质，随机过程通过线性系统时输入和输出的关系，高斯白噪声的统计特性及通过滤波器的性质。本章的重点内容：随机过程的定义、性质、相关函数和谱密度；本章的难点内容：平稳随机过程的判定方法及对各态历经性的理解。

具体培养目标如下：

(1) 了解随机过程的定义，从随机变量和时间函数两个角度理解随机过程，能熟练计算随机过程的数字特征，包括数学期望(均值)、方差和相关函数；

(2) 掌握平稳随机过程的定义以及证明随机过程平稳的方法，了解平稳随机过程相关函数和谱密度之间的关系，会计算平均功率，掌握各态历经性的概念和证明方法；

(3) 了解高斯随机过程的定义，理解平稳随机过程通过线性系统的特点，掌握窄带随机过程的统计特性；

(4) 理解高斯白噪声和带限白噪声的概念及性质，掌握噪声平均功率的计算方法。

2. 课程思政元素挖掘及教学设计案例

★ 根据随机过程的统计特性讲解随机过程的性质，通过回顾概率论与统计学的相关知识为随机过程的分析奠定基础。由统计学可联想到中国概率论与统计学的奠基者许宝騄，他曾经为中国“概率论与统计学”作出了巨大的贡献，即使疾病缠身也不放弃科研工作。以此鼓励学生向老一辈科学家学习，端正学习态度，大力弘扬科学家精神。

具体教学设计如下：

在讲解随机过程的性质时需要使用其统计特性(数学期望和方差)。通过回顾概率论与统计学的相关知识，介绍统计学的基本思想。由统计学联想到中国概率论与统计学的奠基者许宝騄。他是中国著名的数学家，与陈省身和华罗庚并称“西南联大三杰”。许宝騄晚年身患肺结核、胃病等多种疾病，但他仍坚持做研究，在生命的最后一刻还惦记着学生的研究方向。这就是老一辈的科学家精神——“生命就是为了科学”。以此鼓励学生向老一辈科学家学习，培养勤奋、坚韧和好学的学习态度，专注于科学研究，保持淡泊名利、求真务实的心态，大力弘扬科学家精神。

★ 讲解平稳随机过程的各态历经性的定义：平稳随机过程的数字特征可以用一次实验的样本函数来描述。也就是说，复杂的平稳随机过程的数字特征可用简单的一次时域样本函数的时域特征进行描述，如此将大大简化平稳随机过程的计算和分析。由此引导学生在平时的生活、工作和学习中要善于抓住问题的内在规律，化繁为简，提升学习和工作的效率。

具体教学设计如下：

平稳随机过程在满足一定条件时，具有各态历经性，因此繁杂的平稳随机过程特性可简化为简单的样本函数(时间的函数)的特性，通过时域分析就可计算平稳随机过程的数字特征。这就是由“繁”入“简”的思考过程：剖析事物的内在规律，剔除多余无用的东西，抓住主要方面使其简单化。以此引导学生在学习和工作中注意发现问题的本质和内在规律，善于从繁杂的表象中找到简单的内在本质，体会“大道至简”的道理，提升学习和工作的效率。

★ 通信系统中的噪声是一种随机过程，其性质可用数字特征来描述。分析噪声性能的目的主要是抑制噪声，提升通信系统的传输性能。根据辩证的思想，思考科学问题时需要从正反两方面看待噪声的影响：一方面它会影响有用信息的传输，另一方面它又是某些振荡器信号产生的来源。以此引导学生在学习和科研中要学会用辩证方法思考问题，从正反两方面研究科学问题，培养学生逆向思维的能力，激发其创新能力。

具体教学设计如下：

采用讨论的方法进行教学。噪声作为一种随机过程可以用数字特征进行描述。抗噪声性能分析作为数字通信系统中重要的部分，贯穿“通信原理”课程的整个过程，主要讨论噪声对通信系统中信息传输的影响。提出问题：生活中有哪些类型的噪声？这些噪声一定是无用的吗？让学生通过网络搜索资料并进行分组讨论，最后进行总结：在生活中，汽车、飞机和工厂机器等产生的噪声，无线电干扰以及玻璃建筑的光噪声等都是常见的噪声，这些噪声对于我们来说都是有害的、无用的。但是，在振荡器产生信号的过程中，噪声(比如开关噪声)是产生振荡信号的起点，这时噪声却是有用的。以此启发学生对待任何事物都要从正反两个方面看，辩证地分析问题，才能更全面地了解问题，发现解决问题的不同思路，这也是做科学研究必须具备的一种思维方式。比如，温度对电子器件性能的影响是在器件设计过程中必须考虑的问题，需要尽量减小温度对器件性能的影响；然而在温度传感中却希望这种影响越大越好，以提高温度传感的灵敏度。以此培养学生在科学研究中的逆向思维能力。

四、信道

1. 知识与能力培养目标

信道一章主要介绍信道特性及其对信号传输的影响，常见的信道及分类，信道模型的基本组成，恒参信道和随参信道的含义和分析方法，线性失真产生的原因，随参信道中多径效应对信号传输的影响，以及信道中噪声的分析方法、香农公式和信道容量的计算。本章的重点内容：信道模型的建立和分析方法，以及信道容量的概念和特点；本章的难点内容：信道内噪声的分析和多径效应的理解。

具体培养目标如下：

(1) 了解常见的有线信道和无线信道，能区分调制信道和编码信道，掌握信道模型的建立和分析方法；

(2) 了解信道特性对信号传输的影响，理解各种失真产生的原因，掌握信道中产生多径效应和衰落的原因；

(3) 了解信道中的主要噪声类型，掌握高斯白噪声通过信道模型的特点；

(4) 熟练掌握离散信道和连续信道的信道容量的计算方法，熟记香农公式及其随带宽、信号和噪声功率等参数的变化规律。

2. 课程思政元素挖掘及教学设计案例

★ 结合民用无线电通信，讲解无线信道应用最广泛的两种方式：蜂窝网和卫星通信。拓展关于 5G 的知识，介绍第五代移动通信技术的特点、关键技术及应用领域，了解 5G 的发展历史和最新研究进展。经过多年的研究和发展，移动通信技术越来越成熟，可支持的业务也越来越多，速度也越来越快。引导学生除学习课本知识外，还要注重课外知识的学习，尤其是与专业相关领域知识的更新，不断地锻炼、提升探究科技前沿的敏锐力。

具体教学设计如下：

首先，介绍移动通信技术的发展，从 1G 的移动电话，到 2G 的可收发短信，再到 3G 的可收发图文、4G 的移动视频，一直到现在的 5G 实现万物互联，再让学生回忆见过或者用过的最早的手机类型以及这种手机类型属于哪一代移动通信设备，与现在用的手机进行对比，感受科技发展的速度。然后，介绍 5G 的主要特点：通信速度快和网络应答速度快，这些特点在日常生活中就能体验到，比如用手机看电视直播、高清电视剧以及运行网络游戏等。另外，物联网的发展也需要高传输速率和高应答速度的网络提供支持，才能将所有事物通过网络连接在一起。以此帮助学生理解有关信道的理论知识，激发学生的学习兴趣，拓宽视野，锻炼学生探究本专业科技前沿的敏锐力。

★ 在讲解有线信道的光纤时，首先讲解制备光纤的主要材料——二氧化硅，它也是玻璃的主要原材料，由此联系到光伏玻璃；再结合太阳能光伏技术，介绍光伏技术的发展历程和研究现状。由于人类社会的高速发展，传统能源的消耗日益增大，寻找可替代的、绿色可持续使用的能源一直是人类追求的目标。目前最有希望的绿色清洁能源就是太阳能。以此增强学生的绿色环保意识，培养可持续发展的理念。

具体教学设计如下：

采用播放视频的方法介绍光纤技术。首先播放康宁公司拍摄的未来智能玻璃概念视频“A Day Made of Glass”。该视频描述了高科技玻璃产品无处不在的未来，记录了一家人一天的生活。其中有一段关于光伏玻璃为学校提供电能的视频。通过视频让学生了解不同功能的高科技玻璃产品，可以用于显示、控制亮度、提供能源、显示3D模型等，还可用于手机、平板电脑、汽车、建筑、教育和医疗等领域，这些高科技玻璃产品影响着人们的生活、学习、工作和科学研究等。然后介绍光伏技术的发展历程和研究现状，分析光伏技术的发电效率和发展瓶颈。最后结合新能源汽车的发展，让学生关注环保，增强环保意识，提倡绿色出行从我做起，培养可持续发展的理念。

★ 在讲解连续信道容量时，必然涉及香农定理。简单介绍香农本人以及香农定理的基本内容。作为信息论的创始人，香农在信息论领域有着辉煌的成就，其解决问题的方法值得我们借鉴。香农解决问题的方法是把握全局，排除与问题不相关的细节，找到问题的根本并解决它。以此引导学生在学习、科研和工作中培养把握全局的能力，排除不必要的细枝末节，做到不偏离目标。

具体教学设计如下：

在讲解连续信道容量的香农公式时，首先介绍香农和他提出的香农定理，建议学生课下阅读关于香农的传记 *A Mind at Play*。此书中介绍了香农的思考方式。香农的思考方式与一些数学家不一样，他不拘泥于完整的细节，而是针对所要解决的问题，先排除不相干的细节，看清问题的核心，把握需要解决问题的全局，避免被一些无用的细节干扰。以此引导学生注重培养正确解决问题的能力，既要有批判性思维，也要有把控全局和排除细节干扰的能力。鼓励学生遇到问题多观察、多思考，利用正确的思维方式解决问题，摈弃舍本逐末的不良习惯，不断提升自己解决问题的能力。

五、模拟调制系统

1. 知识与能力培养目标

模拟调制系统一章主要介绍模拟调制系统的相关知识和调制的定义及分类，分析普通调幅(AM)、双边带(DSB)调幅、单边带(SSB)调幅及残留边带(VSB)调幅的定义、波形、表达式和频谱，比较各种调幅信号的特性；介绍线性调制的两种通用模型(滤波法和相移法)，以及包络检波和相干解调(同步检波)的工作原理和适用范围；分析角度调制的表达式、波形和频谱，角度调制信号的有效带宽以及模拟调制系统的抗噪声性能。本章的重点内容：各种调幅波的表达式、波形和频谱，以及抗噪声性能的分析；本章的难点内容：角度调制信号的频谱分析和抗噪性能分析。

具体培养目标如下：

(1) 熟悉调制的定义，掌握几种常见的模拟调制的表达式、波形和频谱，掌握调幅波的解调方式，理解包络检波和同步检波的含义和适用范围；

(2) 掌握 AM、DSB 和 SSB 的抗噪声性能及它们的性能比较；

(3) 熟练掌握角度调制的基本概念、表达式、波形和频谱，理解窄带调频和宽带调频的定义，了解角度调制信号的解调方法；

(4) 掌握调频系统的抗噪声性能，熟悉各种模拟调制系统的性能优缺点，了解频分复用的概念。

2. 课程思政元素挖掘及教学设计案例

★ 结合射频芯片对调制与解调进行知识拓展。射频芯片是能够完成射频收发的集成电路芯片。虽然我国在射频芯片的设计方面已经取得了很大进展，但射频芯片的市场仍然被海外巨头垄断。由射频芯片联系到“汉芯一号”造假事件，分析造假的原因，告诫学生要老老实实做人，踏踏实实做事，认真学习和贯彻社会主义核心价值观中的“诚信”，拒绝在学习和科学研究中弄虚作假，反对学术不端行为，培养诚信的学风。

具体教学设计如下：

采用播放新闻视频的方法，结合调制与解调的实现方式(射频芯片)进行知识拓展。在手机终端中，射频芯片是最核心的芯片之一，它主要完成射频收发、频率合成和功率放大功能。简要介绍射频芯片的组成和工作原理，了解射频芯片制造行业的国内外发展现状。射频芯片的制造仍被美国、日本等国家垄断，我国虽然已经开始致力于国产芯片的研发和制造，但这需要一个漫长的过程，不可急功近利，不能违背科学研究的发展规律。以“汉芯一号”造假事件作为反面教材，通过新闻视频了解“汉芯一号”造假事件，分析事件的原因及造成的危害。以此教育学生在学习和工作中，要保持诚信，脚踏实地，树立正确的学风；在科学研究过程中要有严谨的科学态度，求真务实，坚决抵制学术不端行为。

★ 在做调制与解调实验时，要掌握数字信号发生器、示波器、频率特性测试仪、毫伏表和万用表等仪器设备的使用方法；利用示波器观察调幅信号的波形，对比不同调幅方式的波形；通过改变电路参数，观察不同调制下包络的变化情况；使用包络检波和同步检波两种方式解调调幅波，注意区分两者的区别。在实验中培养学生仔细观察、积极思考的能力。

具体教学设计如下：

模拟调制与解调分为线性调制与解调、角度调制与解调。通过实验验证线性调制和角度调制。通过实际操作各种仪器设备，培养学生的动手能力。在实验过程中，要求学生仔细观察采用不同调制方式调制的信号波形，对比不同调制信号的特点，认真记录实验数据，培养学生科学的实验方法和细致的观察力。通过调整参数观察调制变化对调制波形的影响，总结规律，让学生养成严谨的态度。在进行包络检波时，注意观察出现失真的现象，并分析原因。让学生尝试提出解决方案并验证，以此提升学生解决问题的能力。

★ 信号的调制与解调是通信的重要内容，也是通信卫星完成通信的重要部分，它直接影响着卫星通信的性能。在讲解调制和解调原理时，可结合通信卫星进行知识拓展，了解我国卫星发射事业取得的伟大成就。以此鼓励学生把航天事业作为自己的奋斗目标，努力学习专业知识，树立正确的理想信念和积极的价值观。

具体教学设计如下：

采用播放新闻视频的方法进行教学。结合卫星通信讲解信号调制和解调的工作原理，介绍调制与解调在卫星通信中的应用。然后播放 2021 年 8 月 24 日通信技术试验卫星七号在西昌成功发射的新闻视频。从试验通信卫星“东方红二号”到北斗卫星导航系统，每颗卫星都承载着无数科研工作者的梦想；卫星发射技术的快速发展代表着国家的日益强大，蕴含着航天工作者坚定的航天报国志向和航天强国信念。鼓励学生向航天事业的先辈们学习，为国家之强盛而努力学习，积极培养正确的价值观。

六、数字基带传输系统

1. 知识与能力培养目标

数字基带传输系统一章主要介绍数字基带信号和数字基带传输系统的相关知识；分析数字基带信号的几种基本信号波形及优缺点；介绍基带信号的频谱特性和基带传输码型的选择原则，AMI 码、HDB_3 码、双相码、差分双相码等码型的编码规则和优缺点，数字基带信号传输的系统框图、工作原理和分析方法，码间串扰产生的原因和避免码间串扰的方法，系统无码间串扰的时域和频域条件；分析基带传输系统的抗噪声性能，介绍眼图的概念及分析方法，以及部分响应和时域均衡两种方法改善系统性能的原理。本章的重点内容：基带信号的编码规则及特性，基带传输系统的分析方法和抗噪声性能分析以及无码间串扰的时域和频域条件；本章的难点内容：对无码间串扰的理解和其实现方法。

具体培养目标如下：

(1) 熟悉基带信号的定义，掌握基带信号的几种基本信号波形和特点，以及基带信号的频谱分析方法；

(2) 掌握 AMI 码、HDB_3 码、双相码、差分双相码等码型的编码规则和优缺点；

(3) 了解产生码间串扰的原因，掌握无码间串扰传输的时域和频域条件，熟悉奈奎斯特准则，分析基带传输系统的抗噪声性能；

(4) 了解眼图的概念和分析方法，以及部分响应和时域均衡两种方法的原理。

2. 课程思政元素挖掘及教学设计案例

★ 数字基带传输经常用于计算机局域网中。计算机网络是信息技术的三大支柱之一，与人们的生活、工作和学习密不可分。网络安全包括个人信息安全、财产安全和国家机密安全等，已经受到广泛的关注。以此提示学生要增强保密意识，不被国外不法分子利用而泄露国家秘密；同时还要提升防范网络诈骗的能力，不随意泄露自己的重要信息和账号密码，保证个人生命和财产安全。

具体教学设计如下：

采用播放视频的方法进行教学。数字基带传输通常用在计算机局域网中，而网络安全问题日益受到关注。由于物联网、电商和网上银行等都涉及国家机密和个人信息且都与公用网互联，所以网络在带给我们便利的同时也存在着巨大的安全隐患。以此告诫学生不要受人蛊惑，坚守做人和做事的原则，坚决不泄露国家机密。最后播放一段校园反诈骗宣传片，告诫学生远离网络贷款，不占小便宜，遇事多与家长、同学和老师沟通，提升防范网络诈骗的能力。

★ 为了消除码间串扰，根据奈奎斯特准则，除通过设计合适的传输特性外，还可以提前引入可控的码间串扰来解决。提前引入可控的码间串扰实际上就是一种“防患于未然”的意识，以此引申到学生在学习、生活和工作中，要在还没有出现安全隐患或者危险时，就坚持以预防为主，做好安全保护。高校实验室发生的安全事故，造成了巨大的人身和财产损失，要让学生增强安全意识，严格按照规范操作，时刻警惕危险的存在。新冠疫情的暴发给全世界人民带来了巨大的灾难，也给我们敲响了警钟，应培养学生的预防意识，做到防患于未然。

具体教学设计如下：

采用视频播放和讨论的方法进行教学。无码间串扰的传输系统可以通过设计合适的传输特性或者提前引入可控的码间串扰的方法来解决。提前引入可控量就是对未出现的问题进行预防的体现，以此引申到学生的学习、生活和工作中，要做好预防工作，避免出现安全事故。《周易·既济》中提到的“君子以思患而预防之”，意思就是说在祸患发生之前就要加以预防。然后再播放几则关于高校实验室安全事故的新闻，总结事故发生的原因和造成的损失，引导学生思考如何避免发生安全事故，教导学生要时刻牢记安全守则，严格按照规范操作，增强预防意识。最后，讨论 2019 年暴发的新冠疫情，强调做好防疫保护措施，注意保持卫生，通过接种疫苗提升自身免疫。在危险和灾难面前，学生更应该增强防患于未然的意识，真正做到预防为主。

★ 由于滤波器设计误差和信道特性的变化，通信系统无法实现理想的传输特性，难以定量分析码间串扰，因此，实际应用中通常使用眼图来定性评价传输系统的性能。眼图是高速数字传输中评价信号质量的常见指标，在通信系统的研究和设计过程中可以通过眼图来调整接收滤波器的特性，减小码间串扰，分析系统的抗噪性能，改善系统的传输性能。以此引导学生理解理论分析中的“理想”条件和实际工程之间的差别与联系，培养学生理论联系实际的能力。

具体教学设计如下：

采用实验视频演示和讲授的方法进行教学。首先，播放实验视频，演示用示波器显示眼图的过程：用示波器观察传输系统接收滤波器的输出，调整示波器的扫描周期，使之与接收码元周期同步，此时在示波器上就可以看到类似人眼的图形——眼图。然后，结合课本的理论知识，介绍眼图的形成原理和分析方法。从眼图中可以获得许多有关传输系统的信息，比如最佳抽样时刻、定时误差灵敏度、信号受噪声干扰的畸变程度和判决门限电平等。以此引导学生在学习理论知识时，要结合相关实验理解理论分析的“理想”条件，培养学生理论联系实际的能力，激发学生的学习兴趣。

七、数字带通传输系统

1. 知识与能力培养目标

数字带通传输系统一章主要介绍数字调制技术和数字带通传输系统的相关知识，以及数字调制的两种方法：模拟调制法和开关键控法；介绍二进制数字调制的原理，详细分析二进制振幅键控(2ASK)、二进制频移键控(2FSK)和二进制相移键控(2PSK)的原理框图、时域波形和功率谱密度及解调方法；分析二进制数字调制系统的抗噪声性能，比较 2ASK、2FSK 和 2PSK 调制系统的性能；阐述多进制数字调制原理。本章的重点内容：二进制数字调制的基本方法、解调方式和抗噪声性能分析；本章的难点内容：数字带通传输系统的误码率分析和多进制数字调制。

具体培养目标如下：

(1) 了解数字调制原理，熟悉二进制数字调制的基本方法，掌握 2ASK、2FSK 和 2PSK 的码元波形及频谱特性；

(2) 掌握二进制数字调制的解调方法；

(3) 了解 2ASK、2FSK、2PSD 和 2DPSK 系统的抗噪声性能，掌握它们的性能差异；

(4) 了解多进制数字调制的基本原理。

2. 课程思政元素挖掘及教学设计案例

★ 数字带通传输系统的实验包含仿真实验和操作实验两部分。仿真实验利用仿真软件产生随机序列，仿真数字带通传输系统的调制与解调过程，分析系统误码率。结合仿真结果进行操作实验，利用信号源产生二进制不归零码序列，用示波器和频率特性测试仪测试数字带通传输系统的性能。以此培养学生借助计算机进行仿真分析的能力，通过操作实验提升动手能力。随着社会的快速发展和科技的不断进步，复合型人才越来越受到社会的欢迎，学生要注重综合素质的培养，提升各方面的能力；不仅要注重理论学习能力和实践能力的同步提升，还要具有精益求精的新时代工匠精神。

具体教学设计如下：

以数字带通传输系统实验为例，设置仿真实验和操作实验，通过仿真实验巩固学生的理论知识，利用操作实验锻炼学生的动手能力和解决问题的能力。引导学生注重综合素质的培养，在理论学习的同时，加强实验技能的锻炼，通过参加课外活动提升实践能力和团队协作能力。以中华民族的优良传统引导学生注重大国工匠精神的培养，比如：《诗经》中的“如切如磋，如琢如磨”就是一种反复琢磨的态度；古文中的庖丁和卖油翁等也都体现了我国古代各个行业对工匠精神的追求。载人航天工程的辉煌成就，高铁、航母和大飞机等的设计与制造都蕴含着大国工匠精神。引导学生要继承和发扬德艺兼修、精益求精和敬业爱岗的新时代工匠精神。

★ 数字带通传输系统包括在发送端和接收端进行码元序列的调制与解调、信道内的传输和抗噪声性能等。在进行讲解时，先从整个系统层面分析序列调制、传输、解调和抗噪性能，再按照信号传输顺序对每个部分进行详细的分析，并总结系统的性能，最后引入“一般系统论”的理论，帮助学生熟悉“一般系统论”的概念、发展和基本应用。以此培养学生分析问题过程中的大局观，即先从整体出发研究系统以及组成系统整体的各要素之间的相互关系，再分别研究各组成部分，提升学生用“一般系统论”思维分析问题的能力。

具体教学设计如下：

引入“一般系统论”的理论方法讲解数字带通传输系统。以整个数字带通传输系统为研究对象，从整体出发讲解系统进行码元序列传输的工作原理，然后详细讲解调制、解调和抗噪声性能等各个组成要素的概念、组成和相互关系，最后从本质上分析系统中各部分的电路结构、完成的功能及相互之间的连接方式和相互作用。借助“一般系统论”的分析方法，让学生掌握数字带通传输系统的知识，引导学生学习“一般系统论”的基本概念，理解它的整体性、关联性、层次性和统一性的本质。以此培养学生利用“一般系统论”的理论指导学习、工作和生活，培养处理事情的大局观，学会从整体出发分析问题。

★ 数字带通传输系统主要用于无线通信，如移动通信系统。随着5G在我国的实施，使用手机进行语音通话、视频和智能控制变得越来越流畅和方便。例如因为新冠疫情而开展的网课，就是通信系统服务生活的例子之一。以此引导学生要积极应对不同的学习方式，提升适应新科技、新环境和新时代的能力，提升自学能力，积极培养创新精神。

具体教学设计如下：

首先，从新冠疫情防控期间开设的网课说起，使用手机上的各种直播程序开展网上教学，开启了一种新的教学模式。这种教学模式高度依赖于通信网络，而通信网络中最核心的部分就是数字带通传输系统。以此激发学生学习本专业知识的兴趣。新的教学模式对于教师和学生来说都要去适应，不仅需要及时了解新的教学模式的利弊，还要掌握自学新知识的方法，提高适应新科技的能力。激励学生跳出“舒适圈”，在原有的学习方法上积极进行创新，寻求更加有效的学习方法，增强创新意识。

八、新型数字带通调制技术

1. 知识与能力培养目标

新型数字带通调制技术一章主要介绍新型数字带通调制体制，分析抗干扰性能和频带利用率。首先介绍几种常用的调制体制：正交振幅调制(QAM)、最小频移键控(MSK)、高斯最小频移键控(GMSK)和正交频分复用(OFDM)体制；然后分析QAM的星座图、调制与解调原理、频带利用率，介绍MSK的主要特点、附加相位轨迹和调制解调原理，GMSK的基本工作原理和主要优缺点，以及OFDM的基本原理、频谱特性和系统性能。本章的重点内容：几种新型数字带通调制体制的调制与解调原理和主要特点；本章的难点内容：OFDM 的正交条件和频谱特性的理解，以及系统性能的计算。

具体培养目标如下：

(1) 掌握 QAM、MSK、GMSK 和 OFDM 的调制与解调原理，分析其主要性能指标和优缺点；

(2) 理解 QAM 的星座图，熟练掌握 QAM 信号的带宽和频带利用率的计算方法；

(3) 了解 MSK 和 GMSK 的工作原理和主要特点，会画出 MSK 信号的波形和附加相位轨迹。

2. 课程思政元素挖掘及教学设计案例

★ QAM 是一种振幅和相位联合键控的调制方式，其矢量图与星座图类似，因此其矢量图被称为“星座图”。在讲解星座图时需要拓展图像化思维方式，利用 QAM 的矢量图理解振幅和相位联合键控的调制方式。与文本信息相比，图像信息更加直观，因此，将文本信息(抽象的理论)转化成图像信息，更容易让人理解和接受。以此鼓励学生在学习新知识时积极使用图像化思维方式，有助于提升发散思维能力和提高学习效率。

具体教学设计如下：

采用讨论和讲授的方法进行教学。引入图像化思维方式介绍 QAM 的星座图，从星座图上可以看出 QAM 的振幅和相位联合键控的过程。图像化思维是对文本信息的可视化过程，在人类的学习过程中，图像信息比文本信息更容易被接受，因此图像化思维不仅有利于提升学生对知识的理解度，而且对学习知识具有重要的辅助作用。图像化思维之所以容易被人接受，是因为在人类探索未知的过程中，图像更容易帮助我们传递信息。图像化思维最重要的辅助工具是思维导图。思维导图是表达发散性思维的有效图像思维工具，通过构建思维导图能促进人的思维过程发展，提升思维品质。对于学生而言，利用思维导图的方式可以有效提升学习能力，有助于提升发散性思维。

★ 在讲解正交频分复用(OFDM)的发展历史时，结合光纤通信技术的发展历史，阐述辩证的发展观：事物总是不断运动、变化和发展的，具有普遍性和客观性；但是发展是螺旋式上升的，是否定之否定规律表现形式的哲学描述。科学技术的进步也符合辩证的发展观。以此引导学生在学习中要遵循这一发展规律，注重学习过程，养成“厚积薄发”的学习态度。

具体教学设计如下：

OFDM 的提出解决了多载波传输系统信号传送的难题，但它的应用需要大量繁杂的数字信号处理过程，这就需要功能强大的数字处理技术支持，因此限制了 OFDM 的迅速发展。随着集成数字电路和数字信号处理器件的迅猛发展，OFDM 技术才再次在高速率无线通信中崭露头角。由此可见，OFDM 的发展历程符合辩证的发展观。用光纤技术中单模和多模光纤交替发展的过程还可进一步说明科技的进步是螺旋式上升的。《列宁全集》中提到：“人的认识不是直线，而是无限地近似于一串圆圈，近似于螺旋的曲线。”以此引导学生在学习中注重学习过程，不可急功近利，不可违背事物的发展规律，要注重知识的积累，注重厚积薄发。

★ 实现 OFDM 时，需要按照码元持续时间对输入信号进行分帧、分组和映射。对于一个系统，需要按照信号流程进行分析，才能理解系统的工作原理，也只有按照这样的顺序，系统才能正常运行。以此引申到学生的学习、生活中，应当维护校园公共秩序，遵守社会公共秩序，注重社会公德的培养；要深化社会主义核心价值观，将文明意识铭记在心，做新时代的文明大学生。

具体教学设计如下：

OFDM 在实现过程中需要对输入信号分帧、分组后进行映射，实现过程要按一定的次序。以此引申到遵守社会公共秩序。以学生在学校的生活为例，餐厅吃饭排队、银行取款排号以及新冠疫情防控期间出入校门排队检查等，都要遵守规则、文明出行和排队。教导学生学习社会主义核心价值观中“文明”的内涵，根据文明城市、文明校园的倡议，做新时代的文明学生、文明公民。鼓励学生将文明意识贯彻到平时的生活、学习中，不能仅仅停留在口号上，要遵守和维护社会公共秩序，深化社会主义核心价值观，提升自身文明程度。

九、数字信号的最佳接收

1. 知识与能力培养目标

数字信号的最佳接收一章主要介绍数字信号接收的“最佳”准则：错误概率最小。在错误主要是由于带限高斯白噪声引起的这个假定条件下，将二进制数字调制信号分为确知信号、随相信号和起伏信号三类，并逐一定量分析最小可能错误概率，最后分析接收多进制基带信号的错误概率。

具体培养目标如下：

(1) 理解最大似然准则的含义，以及匹配滤波器和相关器的等效关系；

(2) 掌握相关系数、误码率、最佳信号形式的概念；

(3) 掌握基带系统最佳化的两个条件；

(4) 掌握各种最佳接收机的原理框图、工作原理和各点波形；

(5) 掌握最佳基带系统中滤波器特性的设计以及各种系统的误码率表达式。

2. 课程思政元素挖掘及教学设计案例

★ 在学习了最佳基带传输系统定义的基础上，讲解如何设计最佳传输系统，可分为两种情况：理想信道和非理想信道。由此对顺境与逆境进行对比，培养学生积极向上的人生观和良好的个人品质。

具体教学设计如下：

消除了码间串扰并且误码率最小的基带传输系统称为最佳基带传输系统。因为信道的传输特性往往不易得知，而且还有可能是时变的，所以在系统设计时，有两种分析方法：第一种方法是假设信道具有理想特性，第二种方法则考虑信道的非理想特性。将理想信道传输比喻为人生的顺境，非理想信道传输比喻为人生的逆境。当代大学生正处于人生成长的关键时期，知识体系尚不完备，价值观尚未成型，情感心理尚未成熟，面对世界复杂的变化，面对信息时代各种思潮的相互激荡，面对纷繁多样的社会现象，无论是处在逆境还是顺境，都要自觉抵制错误观念，正确认识矛盾，提升个人境界，树立崇高的理想，把个人的学习进步同祖国的繁荣紧密联系在一起，并持之以恒。

★ 数字信号的最佳接收机，其工作原理就是由相乘和积分构成相关运算，这个过程所采用的方法称为相关接收法。匹配滤波器的传输函数等于信号码元频谱的复共轭。以此引导学生多角度分析问题，培养学生的自然辩证思维。

具体教学设计如下：

采用归纳总结教学法。在讲解了相关接收法和匹配滤波器的概念后进行归纳总结。相关接收法的本质是从时域角度计算接收信号与本地信号的相关性；匹配滤波器则是从频域着手，使匹配滤波器的幅度特性与信号的幅频特性相匹配，从而在最大化信号的同时使噪声的影响最小。换个角度说，匹配滤波器对输入信号是自相关器，对输入噪声是互相关器。为了更好地理解、把握事物的本质，需要从多个角度、多个方面来分析问题和解决问题，以此培养学生的辩证思维能力和分析解决问题的能力。

十、信源编码

1. 知识与能力培养目标

信源编码一章主要介绍抽样、量化、编码的基本原理和方法，系统性能的计算，两种语言压缩编码技术，以及差分脉冲编码调制和增量调制。

具体培养目标如下：

(1) 掌握抽样定理，以及自然抽样和平均抽样、均匀量化和非均匀量化的原理和含义；

(2) 掌握脉冲编码调制(PCM)原理及其 A 律 B 折线编/译码原理；

(3) 掌握 ΔM 原理，以及不过载条件和编码范围；

(4) 理解 PCM、ΔM 系统传输速率及带宽、抗噪声性能的计算；

(5) 理解时分复用和多路数字电话的概念。

2. 课程思政元素挖掘及教学设计案例

★ 在讲解脉冲编码调制的概念时，可引入几代手机通信技术中的调制方法，培养学生的爱国情怀和科技强国的使命担当。

具体教学设计如下：

脉冲幅度调制(PAM)是模拟信号数字化过程中的必经之路，是使用脉冲编码调制(PCM)的基础。PAM 将信号在发送端经过抽样、量化、编码后形成数字信号发射出去，在接收端经译码还原后，重建模拟信号。首先，提出问题：手机通信技术经历了几个过程？每个过程中采用了什么样的调制技术？让学生通过手机查阅资料。然后，教师归纳总结，罗列出 2G、3G、4G、5G 通信中采用的调制技术，再联系中国通信业从追随、仿制、合作发展到创新的艰辛发展历程，激励学生正视我国的技术发展水平，从华为芯片认清现实：科技创新才能强国。

★ 在讲解时分复用技术时，用比喻的方法引导学生要抓住青春的大好时光，夯实专业基础，培养良好学习习惯和科学素养，树立远大理想。

具体教学设计如下：

在 PCM 通信系统中，一般用时分多路复用(TDM)方式来提高信道的传输效率。TDM 是利用时间分片方式实现在同一信道中传输多路信号的一种复用方法，强调如何在有限的时间内传输更多的信息是关键。由此引申出大学四年的时间是有限的，如何在有限的时间内实现人生价值是每个大学生要慎重考虑的问题。学生们要珍惜时光，善待时光，在学习中夯实理论基础，才能在未来有所建树，为国家和社会作出贡献。

十一、差错控制编码

1. 知识与能力培养目标

按照加性干扰造成错码的统计特性的不同，信道可分为随机信道、突发信道和混合信道。根据信道中错码特性的不同，差错控制技术可分为四种：检错重发、前向纠错、检错删除和反馈校验，其中前三种都需要采用编码来实现。差错控制编码一章主要介绍线性分组码、循环码、卷积码、Turbo 码、奇偶校验码及网格编码调制等的编码原理。

具体培养目标如下：

(1) 掌握纠错编码的基本原理及性能；

(2) 掌握四种简单的实用编码：奇偶监督码、二维奇偶监督码、恒比码与正反码；

(3) 了解线性分组码、Turbo 码和低密度奇偶校验码的基本编码原理；

(4) 掌握循环码、卷积码的工作原理及代数表述；

(5) 了解网格编码调制的基本概念、调制与解调原理。

2. 课程思政元素挖掘及教学设计案例

★ 数字信号在传输过程中，由于受到干扰的影响，码元波形变坏，在接收端则有可能发生错误判决，所以必须采取差错控制措施。以此引申出人在成长过程中也会犯错误，只有认识错误、改正错误，才能取得成就，培养学生树立正确的人生观、价值观。

具体教学设计如下：

用实例讲解纠错编码的原理。用三位二进制数字构成的码组可表示 8 种不同的组合，其中任一码组在传输过程中发生一个或多个错码，就会接收到错误信息。要想纠正错误，就需要增加冗余度，此时引入监督位和信息位的概念。以此引申到人的成长过程——人生的成长过程就是一个不断犯错误、不断改正错误的过程，每个人都要勇于承认自己的错误，不断学习改进，精益求精，不再犯同样的错误就是进步、就是成功。只有在错误中去总结、去提高、去改进，才能体会不一样的精彩人生。

★ 在讲解网格编码调制的基本概念时，强调“调制”的内涵与作用。引入习近平总书记给北京大学学生的回信，激励学生实现自己的个人理想。

具体教学设计如下：

应用纠错编码可以在不增加功率的条件下降低误码率，但是付出的代价是占用的带宽增大了。如何才能既节省功率又不增加带宽，是人们长久追求的目标。将纠错编码与调制相结合的网格编码调制在保持信息传输速率和带宽不变的条件下，能够获得3～6 dB的功率增益，是将调制和纠错编码结合在一起的体制。以此引申出只有把人生理想融入国家和民族的事业中，才能最终成就一番事业。同学们要把个人理想与社会理想结合起来，把实现个人理想与实现中华民族伟大复兴的中国梦结合起来，勇于实践、勇于创新、勇于担当。

十二、正交编码与伪随机序列

1. 知识与能力培养目标

正交编码与伪随机序列一章首先简要介绍正交编码的概念，然后着重讨论伪随机序列及其应用。正交编码不仅可以用作纠错编码，还可以用来实现码分多址通信，目前已经广泛用于蜂窝网中。伪随机序列在误码率测量、时延测量、扩频通信、密码及分离多径等方面都有着十分广泛的应用。

具体培养目标如下：

(1) 掌握正交编码的基本概念；

(2) 掌握伪随机序列的基本概念、统计特性；

(3) 了解扩频技术的工作原理及分类；

(4) 了解伪随机序列的应用技术——分离多径技术、误码率测量、时延测量、通信加密等的工作原理。

2. 课程思政元素挖掘及教学设计案例

★ 多径分离技术是专门用于扩谱信号的抗多径技术，它可以将接收机信号中有害的多径信号分量变成有用的多径信号分量，从而提高接收信噪比。从多径分离技术的概念可以引申出人才的培养方法：因材施教。增强学生学好专业课的信心，明确自己人生规划的目标。

具体教学设计如下：

在短波电离层反射和对流层散射等通信系统中，以及在城市环境的移动通信网中，多径效应都比较严重。多径效应就是一个发射信号可以经过多条路径到达接收点，并造成接收信号的衰落现象。衰落的原因在于每条路径接收信号的相位不同。多径分离技术在接收端将多径信号的各条路径分离开，并分别校正每条路径接收信号的相位，使之按同相相加，从而克服衰落现象。由此引申到学生的学习过程，当学习相同的知识时，有的学生学习效果好、效率高，而有的学生则不同，就像信号的多径效应。教师应采取因材施教的方法，给予每位学生帮助，答疑解惑，并提供合适的学习材料和环境，如此，所有学生都有可能达到既定的目标，实现人生的价值。

★ 在讲解伪随机序列的应用时，引入数字通信中的前沿通信加密技术，拓宽学生看问题的视野，激发学生的学习兴趣以及科技强国的责任担当。

具体教学设计如下：

数字通信的一个重要优点是容易做到高度保密性的加密。在这方面伪随机序列十分有用。加密序列在信道中传输，即使被他人窃听，其内容也难以被理解，只有在接收端再加上同样的伪随机序列，才能将加密序列恢复为原发送消息。让学生查阅伪随机序列在我国保密通信中的应用技术，使学生在学习基础知识的同时，拓宽知识视野，同时增强科技强国的使命感。

十三、同步原理

1. 知识与能力培养目标

同步原理一章主要介绍同步问题。在通信系统中特别是在数字通信系统中，同步是一个非常重要的问题。在数字通信系统中，同步包括载波同步、码元同步、群同步和网同步四种。

具体培养目标如下：

(1) 掌握载波同步的概念和工作原理；

(2) 掌握自同步的概念和工作原理；

(3) 了解群同步的目的及分散插入法的工作原理；

(4) 了解网同步在同步网和异步网中的工作原理。

2. 课程思政元素挖掘及教学设计案例

★ 讲解载波同步的工作原理。以此引申到爱国主义教育，引导学生只有将爱国主义与新时代建设同频共振、双效合一，才能迎风远航。

具体教学设计如下：

载波同步又称载波恢复，即在接收设备中产生一个和接收信号的载波同频同相的本地振荡，供给解调器作相干解调。因此，要想恢复原始信号，在接收设备中必须有载波同步电路，使得相干载波必须与接收信号的载波严格地同频同相。以此引申到：个人事业、个人奋斗对应于相干载波，祖国建设和实现民族复兴对应于接收设备中的载波，每个人只有将个人事业融入祖国事业中，不断补短板、增长板，才能在奋斗中成就梦想，才能与新时代同呼吸共命运，与新时代建设同频共振。

第7章 “电磁场与电磁波”课程思政教学指南

7.1 “电磁场与电磁波”课程总论

1. “电磁场与电磁波”课程简介

“电磁场与电磁波”课程是电子信息类专业的一门专业基础课。本课程主要以麦克斯韦方程组为核心，介绍电磁场与电磁波的基本概念、基本原理、基本分析方法和计算方法，电磁场和电磁波与物质的相互作用，以及电磁波的传播规律等内容，旨在培养学生应用场的观点和方法对电磁现象、电磁过程进行定性、定量分析与判断的能力，为今后解决实际工程电磁场与电磁波问题打下基础。本课程具有理论体系严谨、系统性强，概念抽象、不易理解，数学推导和计算公式繁杂等特点。本课程一般在大学二年级下学期或三年级上学期开设。前期要学习的基础课程有“高等数学”“大学物理”，后续课程有“微波技术”“天线与电波传播”“通信原理”等。

2. “电磁场与电磁波”课程的教学体系结构

“电磁场与电磁波”课程由理论课和实验课(包括仿真实验和操作实验)组成，采用理论与实践紧密结合的教学体系。

3. “电磁场与电磁波”课程的教学目标

1) 知识与能力教学目标

本课程的主要内容包括工程数学基础(矢量分析与场论)、静态场的特性与计算、时变场的特性、电磁波在无界与有界中的传播与传输、电磁辐射等。通过本课程的理论教学和实验训练，学生应能够运用电磁场与电磁波的基本概念、基本理论和基本分析方法解决工程实际问题。具体的知识与能力教学目标如下：

(1) 能熟练应用工程数学表述电磁场与电磁波的特性；

(2) 掌握各种电磁场与电磁波的特性和规律，以及电场、磁场、电磁场的区别与相互关系；

(3) 深刻理解和掌握麦克斯韦方程组的物理含义和使用方法；

(4) 能正确使用电磁理论处理和解决一般的工程实际问题。

2) 课程思政教学目标

在教学过程中，应采用适当的教学方式，实现以下课程思政教学目标：

(1) 在深刻理解电磁理论的基础上，培养学生的辩证思维能力。

(2) 在介绍电磁场与电磁波理论的发展和应用时，引导学生关注全球科技前沿，拓宽学生的视野。

(3) 在讲解矢量时，引导学生了解中华文化，增强学生的文化自信。

(4) 在学习电磁理论的过程中，激发学生的学习热情，培养精益求精的大国工匠精神，引导学生弘扬和践行社会主义核心价值观，自觉尊法、学法、守法和用法，增强学生的法治意识。

4. 常用专业教材

采用张瑜、李雪萍和付喆编著的《电磁场与电磁波基础》(西安电子科技大学出版社出版)以及谢处方和饶克谨编著的《电磁场与电磁波(第 4 版)》(高等教育出版社出版)等教材。《电磁场与电磁波(第 4 版)》是目前高校“电磁场与电磁波”课程的常用教材，采用演绎法建立公理化体系，按照从一般到特殊的顺序组织内容，主要内容包括电磁场的数学物理基础、传输线理论、静态电磁场及其边值问题的解等。相比其他教材，《电磁场与电磁波基础》对各个知识点的讲解更详细，适合学生自学。该教材按照数学基础、静电场、恒定电场、静磁场、时变电磁场、平面波在无界空间传播、平面波在有界空间传播、电磁辐射的顺序进行阐述，符合学生的认知规律，降低了学习难度。《电磁场与电磁波基础》在注重电磁场与电磁波的基本原理和基本规律的同时，更注重理论与实践的结合，书中不仅给出了日常生活中的多个应用实例，还根据电子信息技术的发展现状增加了新的技术和实际工程应用，可激发学生的学习兴趣，培养学生的独立思考能力和创新意识。

7.2 “电磁场与电磁波”课程思政教学设计案例

一、绪论

1. 知识与能力培养目标

绪论部分着重介绍“电磁场与电磁波”课程的特点和学习要求，电磁场与电磁波理论的发展历程和在工程中的典型应用，以及电磁场与电磁波课程的理论框架。通过绪论部分的学习，学生不仅对电磁场与电磁波理论有了一个整体认识，还能意识到学好本课程的重要性，为后续微波技术、天线与电波传播等专业课程的学习奠定基础。

具体培养目标如下：

(1) 了解本课程的特点、理论框架和学习要求与方法；

(2) 了解电磁场与电磁波的发展历程；

(3) 了解电磁场与电磁波的实际应用领域。

2. 课程思政元素挖掘及教学设计案例

★ 通过案例讲解电磁场与电磁波的发展历程。电磁场与电磁波的每次理论飞跃都是通过不断地改革创新实验，实现从量变到质变的过程。列举电磁场与电磁波在每次取得质的飞跃时解决的根本问题，加深学生对现象和本质的认识，引导学生用辩证唯物主义的观点分析问题。

具体教学设计如下：

电磁场与电磁波的发展历程是前进性和曲折性的统一，在前进中有曲折，在曲折中前进。人们对电磁场的认识是不断深化和发展的，这一认识过程循序渐进，从逐步深入到最终认识其本质，完成理论的升华，体现了“实践，认识，再实践，再认识”的哲学思想。首先，通过案例让学生体会到每一次新理论的提出都建立在前人研究的基础之上，并且都经过了大量的科学试验、改革创新，这些创新不仅推动了技术的进步，还拓展了电磁场和电磁波的应用领域，从而推动了社会的进步。然后，进一步强调要用发展的眼光看问题，用辩证唯物主义的观点分析问题，使学生认识到自然科学对社会进步的重要性。最后，对比“电磁场与电磁波”课程与“大学物理”课程中电磁学的相关内容，在课堂上用智慧教学工具推送一道多选题：与“大学物理”课程中的电磁学知识相比，“电磁场与电磁波”课程更关注(　　)。

A. 电磁场的整体性质　　B. 电磁场的局部性质

C. 麦克斯韦方程的微分形式　　D. 麦克斯韦方程的积分形式

答案是 BC。通过两门课程的对比，让学生更深入地理解整体和个体之间的关系，从而用辩证唯物主义的观点来分析问题，树立科学的世界观。

★ 通过介绍电磁场与电磁波在实际生活中的应用以及在我国高科技领域的发展，引导学生关注全球科技前沿，激发学生对电磁场与电磁波课程的学习热情。

具体教学设计如下：

从静电打印到静电选矿，从微波炉到电磁炉，从发电机到电动机，列举电磁场与电磁波理论在实际生活中的应用，使学生更深刻地理解生活中的便捷从何而来，从而激发学生对电磁场与电磁波课程的学习热情。从雷达到 5G 技术，从北斗卫星导航系统到“天眼”，介绍电磁场与电磁波理论在中国高科技领域的发展和应用，引导学生多关注全球科技前沿，并将前沿科技与中国的实际相结合，激发学生科技报国的家国情怀和使命担当。

二、矢量分析

1. 知识与能力培养目标

矢量分析是学习电磁场理论的基础。矢量分析一章首先介绍有关矢量的基本概念和基本运算，然后给出常用的坐标系，最后详细介绍不同矢量函数的变化特征和常用坐标系下的矢量分析方法。通过本章的学习，培养学生建立各坐标系间联系的能力，以及不同坐标系下对矢量函数进行运算的能力。

具体培养目标如下：

(1) 深刻理解并掌握矢量的概念，能够熟练对矢量代数进行运算；

(2) 会建立常用的坐标系，能够熟练进行不同坐标系间的转换；

(3) 掌握矢量函数的变化特征；

(4) 掌握常用坐标系下的矢量分析方法。

2. 课程思政元素挖掘及教学设计案例

★ 在讲解矢量时，让学生通过查询资料的方式来了解古人的智慧和中华文化，从而激发学生的爱国情怀，增强文化自信。

具体教学设计如下：

首先，教师以郑和下西洋为例提出问题：古人是如何确定方向和表示方向的？让学生用手机查询资料，并用智慧教学工具的弹幕形式将查阅结果呈现出来。然后，教师以词云形式给出弹幕统计结果，引导学生了解古人的智慧和中华文化，从而激发学生的爱国情怀。最后，教师再介绍中国近几十年在科技发展、农业发展和教育事业发展等方面的重要成就，增强学生的文化自信。

★ 在讲解各种坐标系的建立方法时，引导学生从不同坐标系的表达式和线元微分形式中总结规律，找出不同坐标系之间的联系，以此培养学生的理性思维。

具体教学设计如下：

首先介绍三种正交坐标系：直角坐标系、圆柱坐标系和球坐标系，并给出不同坐标系中的矢量表示方法；然后让学生分组讨论，找出不同坐标系之间的联系，并让每组选一位代表将小组结论(主要是讨论中出现的问题和解决方案)分享给大家。此教学设计可培养学生的理性思维，提高学生的团队协作能力和语言表达能力。

三、场论基础

1. 知识与能力培养目标

场论基础一章是分析和理解电磁场与电磁波的基础。本章利用数学表述对电磁场运动形式进行精准刻画，将电磁场的物质形态和运动规律以量化的形式表示出来。本章重点介绍了梯度、散度和旋度的概念、公式及物理意义，阐述了散度定理和斯托克斯(Stokes)定理；最后在讲解哈密顿算子和拉普拉斯算子的定义及运算时，引出了格林定理和亥姆霍兹定理。

具体培养目标如下：

(1) 熟悉场的重要属性；

(2) 掌握标量场及梯度的概念、计算公式与物理意义；

(3) 了解通量的物理意义，掌握矢量场的通量与散度的概念、计算公式和物理意义，以及散度定理；

(4) 了解环量的物理意义，掌握矢量场的环流与旋度的概念、计算公式和物理意义，以及 Stokes 定理；

(5) 理解并熟练掌握哈密顿算子和拉普拉斯算子及其运算；

(6) 理解并掌握格林定理和亥姆霍兹定理；

(7) 了解矢量场的源及矢量场按源的分类。

2. 课程思政元素挖掘及教学设计案例

★ 在讲解场论基础时，引入法拉第的故事，让学生体会到基础研究同样可以转化为科技生产力，改变社会，造福人类，从而培养学生的科学精神和艰苦奋斗的品格。

具体教学设计如下：

首先介绍法拉第在电力场方面作出的贡献，然后提出问题：为什么在电磁场与电磁波理论中，大家最熟知的却是麦克斯韦？通过对比麦克斯韦和法拉第在电磁场与电磁波理论中的重要地位和作用，体现代数基础的重要性，加深学生对科学发展过程(即反复实验－发现规律－进行数学表述和数学推导－预言新的物理现象－实践证实)的认识，激发学生从事基础研究的兴趣。

四、静电场及其特性

1. 知识与能力培养目标

静电场及其特性一章重点介绍静电场的基本性质和规律，各种媒质与静电场相互作用的特性。在介绍静电场的基本性质和规律时，重点讲述电荷守恒定律和库仑定律的应用；在介绍各种媒质与静电场的相互作用的特性时，重点讲述边界条件、电介质的极化、极化强度和极化电荷密度的概念等内容。

具体培养目标如下：

(1) 了解电荷及电荷密度的概念，熟悉其表示方法，掌握电荷守恒定律；

(2) 理解静电场的概念，了解静电场的基本定律(库仑定律)，掌握电场强度的概念、表达式和应用；

(3) 理解电介质极化的概念，掌握极化强度与极化电荷密度的概念、计算方法；

(4) 掌握静电场的散度与旋度、真空中的场方程，以及静电场的边界条件；

(5) 掌握电位与电位差的概念，了解导体系统的电容与部分电容；

(6) 掌握静电场的能量和静电力的概念及分析方法。

2. 课程思政元素挖掘及教学设计案例

★ 正电荷和负电荷都属于电荷，具有电荷的一切属性和本质，但二者表现出不同的电性，是电荷的两个矛盾对立面，由此引申到矛盾的对立统一性，培养学生的辩证思维。

具体教学设计如下：

首先，介绍正、负电荷。然后，讲解电荷的相互作用，即两个点电荷的相互作用力存在于两个电荷之间，作用力和反作用力相互依存、大小相同(体现了矛盾的统一性)，但作用对象不同、力的方向相反(体现了两种力的互不相同，相互矛盾)。结合对正、负电荷的理解，增强学生对矛盾的对立统一性的理解(即同一性和斗争性两个属性的深层含义)，从而揭示事物变化发展的内在动力。此教学设计可培养学生运用矛盾的对立统一性来分析问题和解决问题的能力。

★ 在讲解库仑定律时，首先让学生查找库仑定律提出之前人们对静电作用的观察、描述和实验设计，然后通过库仑定律的形成过程引导学生利用类比法学习电磁场与电磁波，以此培养学生透过现象看本质的能力以及客观理性的思维能力。

具体教学设计如下：

以思维导图的形式呈现库仑定律的形成过程：古人对静电的观察、普利斯特里平方反比定律、诺比森同号电荷斥力、卡文迪什空腔导体实验、库仑扭秤实验、麦克斯韦方程，同时联想到避雷针、静电屏蔽、静电复印机、静电打印机、场离子显微镜等方面的应用，重点强调平方反比定律的类比应用在库仑定律提出过程中的重要作用，由此引申到对现象和本质的认识，引导学生学会透过现象看本质，即要善于抓住事件背后的“根本性”内在逻辑，了解它的前因后果，不要被表象所蒙蔽，影响了自己的判断。此教学设计可培养学生利用科学方法分析问题的能力。

★ 由微波炉加热食物的过程引出介质极化，将由内而外的加热方式引申到“潜移默化”的心理学知识，锻炼学生利用“暗示效应”提升自信力，提高由内而外的自身修养，构建健康正确的人生观和价值观。

具体教学设计如下：

首先，播放微波炉加热食物的视频。然后，提出问题：为什么食物会变热？微波炉加热和传统点火加热有什么区别？引导学生从介质分子角度进行思考，引出介质极化的概念。由微波加热的最大特点(即微波是在被加热物内部产生的，热源来自物体内部)引申到“潜移默化”的心理学知识。“潜移默化”在心理学上是一种“暗示效应”，比如通过语言、动作、表情等暗示方法，提示被暗示者接受知识和思想。告诉学生可适当使用“暗示效应”对自己做出肯定，提升自信力。

五、恒定电场及其特性

1. 知识与能力培养目标

恒定电场及其特性一章重点介绍恒定电流连续性原理、恒定电流场的基本方程及边界条件等内容，并通过对静电场问题和恒定电场问题的对比，加深学生对恒定电场的理解。

具体培养目标如下：

(1) 了解电流、电流密度的概念及表示方法，掌握恒定电流的连续性方程；

(2) 了解导电媒质中的欧姆定律和焦耳定律；

(3) 掌握导电媒质中的恒定电场方程及边界条件；

(4) 掌握恒定电场与静电场的比拟方法；

(5) 了解漏电导的概念与应用。

2. 课程思政元素挖掘及教学设计案例

★ 在讲解电流概念和恒定电场方程时，需要明确电荷、电流和恒定电场之间的因果关系，由此引出哲学要素：因和果。两者的辩证关系能够让人们正确地认识客观世界并指导科学实践活动，有助于学生形成正确的辩证唯物主义世界观。

具体教学设计如下：

自由电荷的定向运动形成电流，如果电流不随时间变化，则为恒定电流，而在导电媒质中维持恒定电流才能形成恒定电场。因此分析问题时，从原因入手，才能更深入地理解结果。在教学过程中，利用类比法，用静电场的分析方法来理解恒定电场的内容，引导学生用因果关系理论处理在学习和生活中遇到的问题，以便更好地认识问题和解决问题，使学生形成辩证唯物主义世界观。

★ 学习了恒定电场后，引入电法勘探的相关知识，让学生从更广的视角理解恒定电场理论，从而提升学生勇于探索、勇于创新和不断进取的科学研究素养。

具体教学设计如下：

电法勘探是以岩矿石间电磁及电化学性质的差异为基础，探测地下矿产资源或者解决工程技术问题的方法。由于勘探对象的多样性，应用电磁场进行勘探的电法勘探方法有很多，其中利用恒定电场的电阻率法是最典型的一种方法。电阻率法是通过观测插入地下的正、负电极的电位差分布来探测地下电流场的。因为界面上电位的不均匀分布与地下介质有直接关系，所以界面上的电位分布可以反演出地下的电阻率情况。通过分析电法勘探与恒定电场理论知识之间的联系，鼓励学生多了解与本课程相关技术的最新研究进展，拓宽视野，增强对新事物的兴趣；通过介绍电法勘探技术的应用，鼓励学生勇于探索，积极投身到科技报国的行列，不断进取，培养创新精神。

六、静磁场及其特性

1. 知识与能力培养目标

静磁场及其特性一章根据亥姆霍兹定理分别从形成静磁场的散度源和旋度源介绍真空中静磁场的方程；此外，为了简化磁场计算，引入标量磁位和矢量磁位的概念，从而引出磁场的边界条件，并从安培环路定理引出静磁场的力和能量。

具体培养目标如下：

(1) 理解静磁场的概念，了解静磁场的安培力定律；

(2) 掌握磁感应强度的概念、表达式及几种典型电流分布的磁感应强度；

(3) 理解磁介质的磁化概念，掌握磁化强度和磁化电流密度的概念及计算方法；

(4) 掌握恒定磁场的散度和旋度、真空中的静磁场方程及静磁场的边界条件；

(5) 掌握恒定磁场的矢量磁位和标量磁位的概念，了解电感中的磁通与磁链、自感、互感的概念和纽曼公式；

(6) 掌握静磁场的能量以及静磁力的概念和分析方法。

2. 课程思政元素挖掘及教学设计案例

★ 在讲解静磁场的应用时，引入指南针的起源，增强学生的文化自信；通过介绍我国磁悬浮列车的研究进展，激发学生的家国情怀和民族自豪感。

具体教学设计如下：

首先，导入问题：磁现象是从什么时候被人观察到并得到实际应用的？通过智慧教学工具的弹幕形式分享相关资料(也可以让学生查询)，以指南针为例，增强学生的文化自信。然后，介绍我国磁悬浮列车的研究进展，并指出中国科技的迅猛发展得益于中国的各项合理化政策，以此增强学生的爱国主义情怀，强化其社会主义制度认同感。

★ 在讲解静磁场的能量和静磁力的分析方法后，结合马伟明院士研制的电磁弹射在航母中的应用，展示电磁场在现代科学技术中的应用，由此激发学生的学习热情，加深学生对大国工匠精神的理解。

具体教学设计如下：

首先，让学生收集马伟明院士研制电磁弹射的相关资料，并通过智慧教学工具的弹幕形式发表观点。然后，结合近几十年中国在科技领域的快速发展，针对"大国工匠精神"进行讨论，让学生通过查资料和讨论的方式理解大国工匠精神的内涵，从而鼓励学生在学习和科研中学习大国工匠精神。

七、静磁场的计算

1. 知识与能力培养目标

静磁场的计算一章首先介绍静磁场的边值问题(即狄里赫利问题、纽曼问题和混合边值问题)，然后介绍分析和设计静磁场计算方法时所遵循的唯一性定理，重点介绍静磁场计算的镜像法、分离变量法和有限差分法，最后基于现有的计算软件介绍计算机编程及其实现方法。

具体培养目标如下：

(1) 了解静磁场的边值问题及其类型，理解并掌握唯一性定理；

(2) 掌握静磁场边值问题求解的解析方法(镜像法)；

(3) 掌握直角坐标系下静磁场边值问题求解的分离变量解析法，了解不同坐标系下的分离变量法；

(4) 掌握静磁场边值问题求解的数值方法——有限差分法，熟悉有限差分方程的求解方法，理解简单迭代法、塞德尔 (Seidel)迭代法、超松弛迭代法的原理；

(5) 了解静磁场的其他计算方法，如时域有限差分法、有限元法、矩量法和复射线法等。

2. 课程思政元素挖掘及教学设计案例

★ 讲解电磁场的计算方法后，让学生用已学过的编程语言对简单的电磁计算问题进行编程实现。这不仅能提升学生的动手能力，还能使学生感受到完成编程的成就感，从而激发学生对本课程的学习热情，培养学生一丝不苟的钻研精神。

具体教学设计如下：

在讲解电磁场的计算方法后，让学生课下基于该计算方法，对相关电磁问题进行编程练习，并在课堂上分享编程感受(主要包括编程过程中遇到问题时的灰心、无法解决问题时的迷茫，以及解决问题后的喜悦)，让学生切切实实感受到学习的艰辛和欢乐，明白只有在不断的摸索中盘旋上升，才能使自己的能力不断得到锻炼。此教学设计可使学生从编程过程中感受到程序员一丝不苟、精益求精的钻研精神。

★ HFSS、ADS 等软件都是国外软件，是射频、微波电路、天线设计和电磁兼容分析中不可或缺的工具。让学生搜索 MATLAB 工具被禁后的反思内容，从而激发学生的爱国热情和主人翁责任感，增强忧患意识。

具体教学设计如下：

在讲解了数值计算方法后，让学生搜索 2020 年 5 月 23 日美国商务部的“实体清单”中国内的公司及机构，引导学生思考这些限制给我国的科研单位带来了什么影响。再让学生搜索 MATLAB 工具被禁后的反思内容，并提出问题：如果电磁场相关的软件被禁用了，我们该怎么应对？最后结合静磁场的计算方法，用 C 语言或者 Python 语言试着实现电磁场的计算。通过讨论，提醒学生要学会居安思危、防患于未然，正如新冠疫情一样，防胜于治，由此鼓励学生加强预防意识，积极投身到新冠疫情防控工作中去，贡献自己的一份力量。此教学设计主要通过反思来增强学生的忧患意识，激发学生的学习热情。

八、时变电磁场及其特性

1. 知识与能力培养目标

时变电磁场及其特性一章首先介绍位移电流与涡旋电场的概念，再结合静态场的性质引入描述静态场和时变场的麦克斯韦方程组，重点介绍时变电磁场的基本方程、基本特性、基本分析方法和计算方法；然后介绍时变电磁场的边界条件、电磁场的能量关系、能流密度的概念以及电磁场的波动方程和位函数；最后介绍按正弦函数变化的时谐电磁场的概念，并利用时谐电磁场进行综合分析。

具体培养目标如下：

(1) 理解并掌握电磁感应定律和位移电流的概念；

(2) 掌握麦克斯韦方程组的积分形式和微分形式，并深刻理解麦克斯韦方程组的物理意义；

(3) 掌握电磁场边界条件的推证、一般表达式、两种常见的情况；

(4) 能够推导波动方程，掌握其意义和应用方法；

(5) 了解位函数的意义，掌握位函数的定义、规范条件、微分方程；

(6) 掌握电磁能量及守恒关系(坡印廷定理)，深刻理解波印廷矢量；

(7) 理解时谐电磁场的概念；

(8) 掌握时谐电磁场的复数形式，麦克斯韦方程组、波动方程的解法及应用，位函数、平均能量密度和平均能流密度的概念。

2. 课程思政元素挖掘及教学设计案例

★ 麦克斯韦理论的发展经历了漫长曲折的过程，其间虽遭到其他科学家的质疑和反对，但后来经过赫维赛德的修改以及赫兹的实验验证，麦克斯韦理论最终得到了科学界的认可。通过介绍麦克斯韦理论的发展过程，让学生明白进行科学研究是一个漫长曲折的过程，该过程蕴含了否定之否定的辩证法理论，以此培养学生的辩证思维能力，以及不畏艰难、勇攀科学高峰的精神。

具体教学设计如下：

在讲解位移电流时，首先导入问题：将恒定磁场中的安培环路定理应用到随时间变化的电磁场中可行吗？出现矛盾后就能否定电磁感应的结论吗？然后指出麦克斯韦通过深入研究提出了位移电流的概念，完美地解决了这一矛盾。接着介绍麦克斯韦理论漫长曲折的发展过程，从而培养学生的辩证思维能力，引导学生树立科技报国的志向，在磨砺中勇往直前。

★ 在讲解麦克斯韦方程组时，根据麦克斯韦方程组反映的时空联系，引出事物的相互联系和动态变化，在理论与实践中培养学生的辩证唯物主义世界观、认识论和方法论。

具体教学设计如下：

讲解麦克斯韦方程组时，指出该方程组中的两个旋度方程构成了电场和磁场之间相互激励又相互制约的关系，即两个方程的右边相差一个负号，从而形成了一种动态平衡，以此引导学生理解事物之间的相互联系和动态变化，在理论与实践中培养学生辩证唯物主义世界观、认识论和方法论。

九、均匀平面波在无界媒质中传播

1. 知识与能力培养目标

均匀平面波在无界媒质中传播一章系统介绍了均匀平面波的传播规律和特点。本章首先介绍均匀平面波的概念，然后介绍理想介质、导电媒质中均匀平面波的传播规律和特点，最后介绍电磁波的几个重要特性。

具体培养目标如下：

(1) 理解均匀平面波的概念，了解均匀平面波的特点；

(2) 掌握理想介质中均匀平面波的传播规律和特点，熟悉一维波动方程的均匀平面波解，了解沿任意方向传播的均匀平面波的特性；

(3) 掌握均匀平面波在一般导电媒质、弱导电媒质、良导电媒质中的传播规律；

(4) 掌握电磁波极化的概念及极化的三种形式(线极化、圆极化、椭圆极化)；

(5) 掌握色散与群速的概念；

(6) 了解均匀平面波在各向异性媒质中的传播规律。

2. 课程思政元素挖掘及教学设计案例

★ 电磁波是信息的载体，利用电磁波技术在科技强国中的重要作用，引导学生关注全球科技前沿，同时结合中国科技发展现状，鼓励学生积极投身中国特色社会主义建设中，增强学生科技报国的家国情怀和使命担当。

具体教学设计如下：

首先指出：我国的 5G 技术处于世界的前列，而基于电磁场理论的多输入多输出(Multiple Input Multiple Output，MIMO)技术又是 5G 的关键技术，设计新型 MIMO 天线可以推动 5G 技术的发展和应用，有助于实现国家的网络强国战略。由此教育学生，通信产业是关系到国家经济命脉和信息安全的基础性和战略性产业，要勇于肩负起时代赋予的“网络强国”光荣使命。接着讲述：卫星导航系统是利用电磁波传递信息的，北斗卫星导航系统的成功运行对我国及周边地区有重要的意义，同时也是中国贡献给世界的全球公共服务产品；中国“天眼”是世界最大的单口径球面射电望远镜，是专门探测地球以外天体发射的电磁波的专用设备，它运用定向天线接收宇宙中微弱的无线电信号，然后通过接收系统进行放大和处理，可用于探索宇宙起源、星际物质结构以及对暗弱脉冲星的搜索和地外生命探索等科学领域。这些都是电磁场与电磁波技术在现代科学技术中的应用，既反映了中国的繁荣富强，又体现了中国科学家和科技工作者的智慧，以此培养学生的爱国主义情怀和民族自豪感，让学生树立科技报国的决心。

十、电磁波的反射与折射

1. 知识与能力培养目标

电磁波的反射与折射一章主要介绍均匀平面波在充满均匀媒质的无限大空间的传播规律，电磁波在理想导体、理想介质和导电媒质三种媒介分界面上的斜入射和垂直入射情况下的传播规律，以及入射波、反射波和折射波在媒质分界面上的边界条件。

具体培养目标如下：

(1) 掌握均匀平面波对导电媒质、理想导体和理想介质分界平面的垂直入射；

(2) 理解均匀平面波对多层介质分界平面的垂直入射，了解多层介质中的场量关系与等效波阻抗，了解半波长介质窗；

(3) 掌握反射定律与折射定律、反射系数与折射系数、全反射与全透射；

(4) 掌握均匀平面波对理想导体表面的斜入射，以及垂直极化波和平行极化波对理想导体表面的斜入射；

(5) 了解均匀平面波对导电媒质的斜入射。

2. 课程思政元素挖掘及教学设计案例

★ 结合均匀平面波在媒质中的传播特性，讲解探地雷达(GPR)的相关知识，以及电磁场与电磁波在实际生活中的重大应用，以此强调锻炼实践能力的重要性，激发学生学习专业知识的热情，引导学生树立科技报国的远大志向。

具体教学设计如下：

介绍探地雷达的相关知识。探地雷达是利用天线发射和接收高频电磁波来探测介质内部物质特性和分布规律的一种电磁探测工具。探地雷达工作频率很高，在地下介质中以位移电流为主，因此电磁波传播方程可简化为波动方程。在 10^6～10^9 Hz 频段内电磁波传播频散很小，可以认为介电常数与频率无关，传播速度基本上由介质的介电性质决定。当地下介质中的波速为已知时，根据测到的脉冲波的走时，利用走时方程可以求出反射物的深度。探地雷达被广泛地应用于淡水和沙漠地区的探测，工程地质探测，煤矿井探测，水文地质调查，地基和道路下空洞及裂缝探测，埋设物探测，水坝、隧道、堤岸、古墓遗迹探查等。将电磁场理论和实际应用相结合，激发学生学好“电磁场与电磁波”课程的热情，引导学生树立科技报国的远大志向。

十一、导行电磁波与传输

1. 知识与能力培养目标

导行电磁波与传输一章主要介绍电磁波在有界区域内的传播特性，并简要介绍常用的导波系统以及导行电磁波的基本分析方法。

具体培养目标如下：

(1) 了解导行电磁波的概念，掌握导行波波型的分类(即 TEM 波、TM 波和 TE 波)；

(2) 掌握平行双线传输系统，熟练掌握传输线方程与求解以及传输线的特性参数、工作参数和工作状态；

(3) 掌握矩形波导中的场分布、传播特性、主模和传输功率；

(4) 掌握圆柱形波导中的场分布、传播特性和三种典型模式(即主模、圆对称模、低损耗模)；

(5) 掌握同轴波导中的 TEM 波、高次模。

2. 课程思政元素挖掘及教学设计案例

★ 讲解导行波的概念时，用 4～6 min 介绍张明高院士的学习和研究经历，让学生通过学习榜样人物，坚定学好专业知识的决心，树立科技报国的远大志向，培养学生终身学习的学习理念。

具体教学设计如下：

介绍张明高院士的学习和研究经历。张明高院士是我国著名的无线电波理论专家，1962年毕业于武汉大学数学系，毕业时被分配到国防科委十院十九所，自此开启了他的电波传播事业。由于没有物理基础，张明高院士用两年时间自学物理知识，完成了天线增益降低的调研工作，并运用数学工具将三种已有的作用机理结合，形成了自己的观点。张明高院士在这个自己并不熟悉的领域不断进行探索和思考。在地面超视距对流层通信方面，他提出了广义散射理论模型，提高了无线电信息系统工作的可靠性，有力推动了我国武器装备的信息化转型；同时，他提出的全球适用型对流层传输预测方法，替代了国际上沿用了20多年的美国NBS方法，形成了国际通用技术标准《CCIR 617-1建议》。凭借对卫星移动通信系统的研究，张明高院士提出的大气衰减简易预测方法取代了《ITU-R 676建议》中的英国方法，海面反射衰落预测方法取代了《ITU-R 680建议》中的日本方法，并首次创立了电离层闪烁衰落长期分布预测方法，该方法被纳入《ITU-R 531建议》；另外，在地面超视距微波通信和移动通信传播研究与应用方面，张明高院士也形成了几项国际和国家标准。张院士主持完成了十几项科研课题，先后9次获国家和部委级科技进步奖。通过介绍张明高院士的学习和研究经历，引导学生践行终身学习的理念，激发学生的学习热情，树立科技报国的远大志向。

十二、电磁辐射与天线

1. 知识与能力培养目标

电磁辐射与天线一章从电磁理论出发，系统介绍电磁辐射原理，并从基础的振子辐射原理引出天线系统。

具体培养目标如下：

(1) 掌握电磁辐射原理；

(2) 掌握基础的振子辐射原理；

(3) 掌握天线的作用、主要技术参数及意义、分类、功能等；

(4) 掌握天线极化的概念；

(5) 了解面天线中的惠更斯原理，理解平面口径辐射、抛物面天线及卡塞格伦天线的结构及工作原理。

2. 课程思政元素挖掘及教学设计案例

★ 在讲解天线相关知识的基础上普及基站的工作原理。通过让学生搜索利用“短信嗅探”的犯罪案例，了解犯罪分子通过技术手段获取信息的方法，并通过讨论，强化学生的工程伦理教育，提高学生的法治意识和防诈骗意识。

具体教学设计如下：

首先，以天线知识为基础，介绍通信基站的工作原理。在通信基站对信号的发射和接收过程中，犯罪分子通过特殊电磁设备实现通信信号干扰，使用户手机处于2G通信模式。

由于 2G 通信模式下短信的内容是无法加密传输的，攻击者很容易劫持并迅速解析；此外，2G 网络存在单向鉴权的漏洞，即只有网络对用户手机的鉴权认证，用户手机无法识别基站的真伪，只能进行回应，这样伪基站就可以获得用户手机的 IMSI，从而向其发送短信并拦截收到的短信。犯罪分子利用截获的用户个人信息，冒充事主消费或套现，从而盗取事主银行卡资金。通过通信基础原理的分析，引导学生尝试寻找打击伪基站的可行方法，激发学生的科学探索精神。然后，让学生用手机搜索“短信嗅探”网络盗刷案相关法律问题的分析与防范建议等资料，通过讨论，让学生增强工程伦理观念，自觉尊法、学法、守法和用法，提高学生的法治意识和防诈骗意识。

★ 随着无线电技术的发展，电磁污染成为大气污染、水污染之后的第三大污染，以此让学生认识到电磁技术是把双刃剑，可以造福人类，也可以破坏世界生态环境，从而培养学生的社会责任感、科学价值观、职业道德与工程伦理素养。

具体教学设计如下：

首先指出，播放视频时存在电磁污染的情况，组织学生讨论电磁辐射对人体健康的影响，思考电磁技术的发展和可持续发展。然后提出问题：如何减少辐射污染？让学生思考。接着总结：只有使用先进的工具、先进的方法、先进的理论，在研制新型电磁设备时考虑电磁辐射，设置相应电磁屏蔽措施，才能让新的设备既造福人类，又不破坏生态环境。最后引导学生时刻关注科学前沿，并结合中国的实际提出新课题，激发学生创造和探索的科学精神。

第 8 章 “微机原理与接口技术”课程思政教学指南

8.1 “微机原理与接口技术”课程总论

1. “微机原理与接口技术”课程简介

“微机原理与接口技术”课程是电子信息类专业的一门重要的专业基础课，内容兼顾硬件和软件两个方面，主要介绍微型计算机的基本工作原理、系统组成、汇编语言及微机接口技术。本课程结合典型机型和通用可编程接口芯片，说明微型计算机的工作原理及基本应用，具有实践性、综合性强，知识面广等特点。本课程一般在大学二年级下学期或三年级上学期开设。前期要学习的基础课程有“电路分析”“模拟电子技术基础”“数字电子技术基础”，后续课程有“单片机及接口技术”“嵌入式系统开发技术”等。

2. “微机原理与接口技术”课程的教学体系结构

“微机原理与接口技术”课程由理论课和实验课组成，采用理论与实践紧密结合的教学体系。

3. “微机原理与接口技术”课程的教学目标

1) 知识与能力教学目标

本课程以 80x86 系列处理器为背景，介绍微型计算机的基本工作原理、8086 CPU 的指令系统、汇编语言及程序设计方法和技巧、存储器的组成和输入/输出接口、中断系统、并行通信和串行通信。通过本课程的学习，学生应掌握微型计算机的基本组成和工作原理，建立微机系统整机概念，具备利用微机技术进行软硬件开发的初步能力。具体的知识与能力教学目标如下：

(1) 熟练掌握 8086 微处理器的基本结构及工作原理；

(2) 能够熟练运用 8086/8088 指令系统；

(3) 能运用汇编语言设计简单的应用程序；

(4) 掌握 CPU 和外设之间的数据传送方式；

(5) 能对一些常用的微机接口芯片进行初始化编程；

(6) 能正确分析简单接口电路。

2) 课程思政教学目标

在教学过程中，应采用适当的教学方式，实现以下课程思政教学目标：

(1) 在深刻理解微型计算机基本结构及工作原理的基础上，接受马克思主义唯物史观，使用辩证唯物主义思维来分析和解决问题，培养学生的科学精神和创新意识。

(2) 在了解微处理器芯片应用与发展的基础上，联系当前热点事件，引导学生树立科技兴国的远大理想。

(3) 通过微机中 CPU 在计算中的核心地位产生政治认同，引导学生理解坚持党的核心领导地位的重要性。

(4) 在掌握数制知识点的基础上，引导学生感受我国的灿烂文化和伟大成就，增强文化自信。

(5) 通过运用汇编语言设计应用程序，引导学生将道德规范、法治意识纳入自身三观塑造中。

(6) 在熟悉常用可编程接口及应用的基础上，培养学生严谨的科学态度和大国工匠精神。

(7) 在熟悉串行通信及其接口电路的基础上，培养学生与时俱进的国际化视野，提升学生的综合素质。

(8) 通过微机原理实验，引导学生树立实践出真知的实践观，培养团结协作意识，养成吃苦耐劳的工作作风。

4. 常用专业教材

采用陈继红等编著的《微机原理及应用(第 2 版)》(高等教育出版社出版)。本教材第 1 版于 2004 年编写，为教育科学“十五”国家规划课题研究成果，2010 年进行了修订，目前第 2 版已成为国内大学常用教材。本教材内容全面，实用性强，并配有丰富的程序设计实例和接口电路实例，便于学生更快、更好地建立 80x86 系统概念和知识体系，培养其理论联系实际的能力、分析与解决问题的能力。

8.2 “微机原理与接口技术”课程思政教学设计案例

一、微型计算机概述

1. 知识与能力培养目标

微型计算机概述一章是“微机原理与接口技术”课程的基础内容，主要介绍微型计算机的发展历程和由运算器、控制器、存储器、输入设备和输出设备五个基本部分组成的计算机硬件体系结构，以及冯·诺依曼计算机的设计思想和工作原理，着重介绍微处理器、微型计算机、微型计算机系统的基本概念和三总线结构。本章的重点内容：微型计算机的基本结构和工作原理；本章的难点内容：微型计算机的三总线结构。

具体培养目标如下：

(1) 掌握计算机的硬件体系结构及工作原理；

(2) 掌握微型计算机的工作原理；

(3) 掌握微处理器、微型计算机和微型计算机系统的基本概念；

(4) 掌握 16 位微型计算机的三总线结构；

(5) 熟悉微型计算机的特点与分类；

(6) 熟悉微型计算机的系统组成；

(7) 了解计算机的发展史；

(8) 了解微处理器的产生和发展历程；

(9) 了解微型计算机的性能指标；

(10) 了解 CISC 和 RISC 技术的特点。

2. 课程思政元素挖掘及教学设计案例

★ 在介绍微处理器的发展时引入摩尔定律：当价格不变时，集成电路上可容纳的元器件数目每隔 18～24 个月会增加一倍，性能也将提升一倍。这一定律既能让学生了解信息技术进步的速度，又能让学生意识到墨守成规、故步自封只会被历史淘汰，只有创新和不断进取才能真正推动人类的发展，同时还能让学生在研究中养成自主探索的科学精神。

具体教学设计如下：

教师首先播放视频资料——Intel 微处理器发展历程，让学生了解微处理器的发展历史。从视频资料中可以看到，自首个微处理器 Intel 4004 诞生至今的 50 余年里，微处理器就是按照摩尔定律预测的速度发展的。然后，让学生查阅摩尔定律内容及应用范围。最后，让学生分组讨论摩尔定律带给我们的启示。与其他自然界的定律不一样，摩尔定律不能自动执行，需要经过科研人员的不懈努力才能得以实现。这个定律给 Intel 公司带来了挑战、信心、压力和紧迫感，正是这种面对挑战时的信心和紧迫感，让 Intel 公司紧跟时代发展，在不断借鉴其他技术最新研究成果的基础上创造出了一个又一个奇迹。以此引申到个人成长过程，“变”是绝对的，“不变”是相对的，在坚持严谨的科学态度基础上积累知识，勇于创新正是马克思主义“变”与“不变”辩证统一的现实体现。让学生明白只有不断地对自己的知识体系进行迭代升级，才能跟上时代的脚步(这就是“创新不能停滞”)，如果想要达到摩尔定律指数增长的效果，创新速度必须越来越快；同时，告诫学生对于已取得的成绩和荣耀不要过多留恋。

★ 在介绍电子计算机的发展历程及各种分类时，让学生学会用唯物辩证法分析事物的本质。微型计算机在外部形态、接口、性能方面与第一台电子计算机 ENIAC 相比有着诸多的差异，在运行速度、存储容量、集成度、低功耗和对外接口等方面也远远超越了 ENIAC，但其硬件结构和运行原理并未有大的改变。教师采用唯物辩证法来分析这个知识点：事物的本质是相对稳定的，事物的现象是易于变化的。客观事物在其发展过程结束之前本质是相对不变的，但它表现出来的现象则随着过程的展开而不断地改变着具体形态。例如，大到“国之重器”超级计算机，小到掌上电脑，其硬件体系结构都是冯·诺依曼结构，工作原理也都遵循存储程序、自动运行这一核心内容。计算机的发展方向是将信息采集、存储、处理、通信同人工智能结合在一起形成智能计算机系统。智能计算机系统的结构与功能和现有计算机的概念完全不同，具有模拟-数字混合的机能和学习机理，能模仿人的视神经网工作。马克思说过：“如果事物的表现形式和事物的本质会直接合而为一，一切科学就都成为多余的了。”以此引导学生在学习和科研中只有透过现象认识本质，才能把握事物的发展规律，更深刻地了解事物本身。

具体教学设计如下：

教师首先通过幻灯片展示一些典型机型的图片，让学生对计算机千差万别的表象有直观的认识，然后指出根据不同的分类原则(字长、用途、组成和规模)进行分类会得到截然不同的分类结果，引导学生要学会从多角度看待事物，从而深化对事物的理解。尽管计算机的发展历程及各种分类的知识点比较零碎，但万变不离其宗：现代计算机都是依托于冯·诺依曼体系结构和工作原理，以此让学生意识到任何事物都有本质和现象两个方面。同时，指出本质和现象是统一的，但又存在差别和矛盾：本质从整体上规定事物的性质及基本发展方向，现象则从各个不同侧面表现本质，引导学生要在学习、实践和科学研究中对多方面现象进行分析研究，去粗取精、去伪存真、由此及彼、由表及里，实现从现象到本质、从不甚深刻的本质到更深刻的本质的无限过程。

★ 在介绍 CPU 芯片时，比较 RISC(精简指令集计算机)与 CISC(复杂指令集计算机)两大架构各自的设计理念、技术特点及适用场合。通过 RISC 诞生的历史背景以及在发展过程中遇到的质疑和争论，引导学生认识到事物的发展不是直线上升、一帆风顺的，它的成长壮大一般都要经历艰难曲折的过程，鼓励学生在今后的学习和求索道路上要有坚韧不拔的毅力、持之以恒的耐心和面对挫折的勇气。

具体教学设计如下：

教师通过幻灯片让学生看到自 PC 诞生以来，几乎所有的 CPU 设计都在按照 CISC 的路线发展：不断加入新的指令，使用微码控制，试图在指令集架构层面对高层编程语言提供更直接的支持。接着，指出这种发展路线的弊端：硬件研发成本提高、编译器不知如何利用越来越复杂的指令集、执行效率变慢等，从而引出 RISC。RISC 采用更加精简的指令集设计，有助于减少硬件开发难度和成本，也有利于编译器进行代码优化工作。同时进一步说明 RISC 在问世的若干年内，虽然业内的争论和质疑从没有停止过，但丝毫不能阻碍它的蓬勃发展。然后组织学生讨论，引申出“事物发展的总趋势是前进的，而发展的道路则是迂回曲折的”这一辩证唯物主义的观点。最后，教师阐述 CISC 和 RISC 的关系——它们在各自成长的道路上相互渗透、取长补短，推动了现代计算机体系结构的不断发展，以此引导学生在今后的学习、生活中要正确处理好合作和竞争的关系，既要有面对挫折的勇气，又要正视自己的不足，学会汲取别人的优点。

★ 冯·诺依曼机的命名方式有可能让学生产生唯心主义观点，认为冯·诺依曼机是冯·诺依曼本人的设计思想，即先有设计思想，而后有计算机，这样会产生精神决定物质的唯心主义观点。因此，需要引导学生从计算机发展史的角度看待冯·诺依曼机。冯·诺依曼机的成功既依赖于很多科学家前期的计算机设计和实践的积淀，又依赖于冯·诺依曼本人在多年的ENIAC和后期EDVAC的研发实践工作中积累的经验教训，而该模型以他的名字命名是为了纪念他在计算机体系结构领域作出的突出贡献。

具体教学设计如下：

教师首先以幻灯片形式展示在计算机结构设计上作出巨大贡献的著名科学家和工程师：帕斯卡、巴贝奇、霍华德·艾肯、埃克特、莫克利等，让学生了解他们为现代电子计算机结构雏形的建立作出的不可磨灭的贡献。然后组织学生讨论，引导学生意识到冯·诺依曼之所以能够提出现代电子计算机模型，既离不开前人的计算机设计实践，也离不开其自身的多年实践和经验的总结。同时，指出不管是前人或自身的计算机设计实践，还是能够思维的大脑，本质上都是物质的，从而得出结论：冯·诺依曼在计算机发展过程中的伟大功绩，不但没有否定物质第一性原理，反而是物质决定精神的又一个新的例证，引导学生进一步坚定物质决定意识，意识是物质世界发展的产物这一辩证唯物主义的基本观点。

★ 计算机系统结构完美体现了整体与部分的关系原理。计算机硬件系统由中央处理单元(CPU，包含运算器、控制器、寄存器组)、存储器(内存、外存)、输入设备、输出设备等部件组成。但是计算机系统整体并不是这些组成部分的简单加总，而是在部分加总的基础上附带部分之间的关系和协调，再辅以配套的计算机软件系统。这正是整体的核心和灵魂，是真正的升华和创造。

具体教学设计如下：

教师通过幻灯片展示微型计算机系统结构图，介绍微型计算机系统所包含的部件和功能。在讲解如何区分微处理器、微型计算机、微型计算机系统这几个易混淆的概念时，以提问方式引出以下哲学观点：① 世界上的一切事物都可以分解为若干部分，整体是由它的各个部分构成的，它不能先于或脱离其部分而存在；部分是整体的一个环节，没有整体就无所谓部分。② 整体和部分的划分是相对的，某一事物可以作为整体包容着部分，又可以作为部分从属于更高层次的整体。

懂得整体与部分的关系不仅能加深学生对具体知识点的理解，还有助于学生将具体知识的认识提升到哲学高度，并运用到其他学科的学习和今后的工作中。

二、微处理器结构

1. 知识与能力培养目标

微处理器结构一章主要介绍8086微处理器的内部结构。首先着重介绍CPU中的执行部件(Execution Unit，EU)、总线接口部件(Bus Interface Unit，BIU)的组成和功能，然后介绍8086存储器分段技术、存储器逻辑地址和物理地址的概念及转换方法，最后简单介绍高性能微处理器结构的特点。本章的重点内容：8086内部编程结构及功能、8086存储器分段技术；本章的难点内容：寄存器结构和功能、高性能微处理器结构。

具体培养目标如下：

(1) 掌握 8086 编程结构；

(2) 掌握 BIU 中寄存器、地址加法器、指令队列的具体作用与功能；

(3) 掌握 EU 中通用寄存器、专用寄存器和状态寄存器的具体功能；

(4) 熟练掌握 DEBUG 常用命令和调试环境；

(5) 掌握存储器分段技术并能够实现逻辑地址与物理地址的灵活转换；

(6) 熟悉 8086 流水线技术管理原则；

(7) 了解存储器分段技术的优点；

(8) 了解高性能微处理器的结构、技术特点、工作方式和存储器结构。

2. 课程思政元素挖掘及教学设计案例

★ 从微处理器的应用与发展谈到中兴、华为事件。2018 年 4 月 16 日晚，美国商务部宣布在未来 7 年内禁止中兴通讯股份有限公司(简称中兴)向美国企业购买敏感产品。2019 年 5 月 16 日，美国将华为技术有限公司(简称华为)列入实体清单，在未获得美国商务部许可的情况下，美国企业禁止向华为供应产品。国内其他科技企业感受到了巨大压力，越来越多的中国科技企业开始走"自研"道路。历史告诉我们：只有国家强大，人民才能富强，只有把个人命运与国家命运紧密相连，把个人梦想与国家梦想紧密结合，才能有所为。以此引导学生想要成为时代的弄潮儿，就要有"天下兴亡，匹夫有责"的使命担当。

具体教学设计如下：

教师首先播放关于"中兴事件"和"华为事件"的新闻播报视频，再让学生分组讨论"中兴事件"和"华为事件"带给我们的影响和启示，最后进行总结发言。在教学过程中，引导学生得出以下结论：① 打铁必须自身硬，学好科学文化知识，方能立足。创新是持续发展的根本，只有将核心技术掌握在自己手中，才能在竞争中不受制于人；只有不断创新，保持领先，才能在日益激烈的国际竞争中脱颖而出。当代工科大学生作为科研队伍的后备军，更要使自己成为一个掌握知识和能运用知识创造价值的人。② 青年强则国强，青年要有"天下兴亡，匹夫有责"的使命担当。中国能屹立于复杂的国际竞争环境而不倒，就是因为有一代又一代开创者在不计回报地努力付出。③ 树立正确的人生观、价值观和世界观。中兴对外依存度极高，主要是缺乏核心技术，也就是没有自己的芯片，所以命运掌握在别人手中。因此，我们应该锻炼自己的独立思考能力和独立处事能力，不能过分依赖别人，才能立于不败之地。华为已经掌握了先进的 5G 技术，且对自身的短板有清醒的认知，每年都会花费一千多亿用于研发。当代大学生更要踏实做事，不投机取巧，树立"为天地立心，为生民立命，为往圣继绝学，为万世开太平"的决心和志气。

★ 在计算机中，CPU 处于绝对的核心地位，总线操作、内存访问、外设存取、中断响应、总线使用权出让，等等，都在 CPU 的绝对控制之下，由此引申到国家的管理，通过对中国地域广阔、民族众多、发展不均衡等特殊国情的分析，增强学生的政治认同和社会主义道路认同。

具体教学设计如下：

在讲解 CPU 的作用时，用类比法来形容 CPU 和其他部件之间的关系，例如把其他部件比作人的四肢，那么 CPU 就是人的大脑，如果没有了大脑或者大脑功能受损，即使四肢健全，人的日常生活起居这些简单动作也将举步维艰，以此让学生更深刻地理解 CPU 在计算机系统中的绝对核心地位。本质上，计算机的工作过程就是 CPU 不断读取指令、翻译指令和执行指令的过程，并通过流水线机制来处理冲突，防止死锁。计算机能够完成复杂工作的本质在于 CPU 分秒不停地充当“指挥官”，合理地解决了各种矛盾和冲突。

★ 微处理器是微机的运算核心和控制核心，其编程结构可分为总线接口部件(BIU)和执行部件(EU)。CPU 的工作原理就像工厂对产品的加工过程：BIU 负责从 I/O 接口或存储器进货(指令和数据)，并将其放入指令缓冲器或寄存器中，经过物资分配部门(EU)的调度分配，送往生产线(ALU)；生产出成品(处理后的数据)后，由 BIU 存储在仓库(存储器)中或送到指定 I/O 接口，最后拿到市场上售卖(交由应用程序使用)。正是微处理器内部各部件的分工合作，才使得 CPU 像人的大脑一样能协调其他功能部件有条不紊地工作。若将微处理器的内部结构比拟为国家和社会，那么寄存器、ALU、指令缓冲队列、地址加法器等各个部件便对应着个人、组织、政府等，各部门需各司其职、团结协作，才能保证国家的和谐稳定，社会的安定团结。

具体教学设计如下：

首先，通过幻灯片展示计算机的工作过程，同时讲解微处理器内部各单元是如何分工协作的。然后，让学生分别模拟微机中 EU、BIU 的重要组成部件，演示计算机的工作过程，使学生在活动中亲身感受团结协作的重要性。接着，让学生深度思考和感悟：团队协作精神的体现就像计算机工作过程一样，如果每个部件都只顾自己的工作而不与其他部件配合，最后必定是一盘散沙，一事无成，最终陷入瘫痪，只有懂得分工又懂得协作才能顺利完成任务。最后，做出总结：当今社会是一个讲究合作、讲究团队意识的社会，更是一个多元化的社会，单靠个人的力量很难完成一项复杂的任务，需要个人与个人之间的配合，更需要团队与团队之间的配合。“一根筷子轻轻被折断，十双筷子牢牢抱成团”说的就是团结协作的重要性，只有团结一心才能做成大事；三个和尚没水喝的故事同样告诉我们，如果不懂得分工协作，一味地互相推诿，权责不明，也会造成效率低下。同时指出团结协作与明确分工表面上看是对立的，但在实际工作中缺一不可，两者必须高度统一起来。

★ 在讲解本章的第一个实验内容时，首先需要熟悉 DEBUG 常用命令和调试环境，再结合实验环境和实验仪器，引导学生要将规则牢记于心，建立规则意识，同时启发学生不仅要重视理论知识，更要重视实践技能的训练。实验中分析实验现象、排除故障的过程，可以巩固、加深对学习内容的理解，让学生坚定“实践是认识的来源，实践是认识发展的动力，实践是检验认识真理性的唯一标准”的信念。

具体教学设计如下：

教师首先强调微机原理实验操作规范和安全须知，并强调遵守实验规范的重要性，然后展示一些因不遵守实验规范所造成的仪器设备损坏、实验楼烧毁或爆炸、人员伤亡等严重后果的相关报道、图片，对学生进行警示。在实验过程中，对于学生的不规范操作，教师应及时指出并加以纠正，比如示范正确的开关机操作、处理系统死机的正确操作、插拔外部设备时的规范操作等，以此让学生树立规则意识，形成良好习惯。进入具体实验内容后，首先演示如何进行软件环境的配置。验证性实验本质上就是检验真理的过程，教师不能仅限于实验技能的教授与训练，还应时刻提问学生：能否查到并修改任意内存单元/寄存器的内容？如何移动显示字符或字符串的位置？是否能改变显示字符内容或颜色？在提问过程中，不断启发学生要想得到不同的实验结果应如何调整自己的实验步骤，做到活学活用、融会贯通。最后，带领学生总结实验中出现的典型错误，启发学生根据所学理论知识分析错误的原因，积累经验，并让学生阐述实验收获和心得体会。通过实验课，让学生更加深刻地认识到实践是认识发展的动力，认识是随实践的发展而发展的，利用好这一辩证关系才能使自己在学习的道路上走得更快、更稳、更长远。

三、8086/8088 指令系统和寻址方式

1. 知识与能力培养目标

8086/8088 指令系统和寻址方式一章的内容是汇编语言程序设计的基础，主要介绍数据在计算机中的常用编码方法和相关运算规则，以及 8086/8088 指令格式、寻址方式和指令系统等。本章的重点内容：常用计数制和不同数制之间的转换，常见无符号数和有符号数编码，指令中操作数有效地址的形成方法，8086/8088 各种指令的功能和执行过程；本章的难点内容：定点数和规格化浮点数表示方法，指令寻址方式，隐含操作数指令的理解和使用，BCD 调整指令的调整原理，带前缀的串操作指令的执行流程和使用，控制转移指令实现程序跳转的原理。

具体培养目标如下：

(1) 掌握计算机中的数制及其转换规则；
(2) 掌握机器数的不同表示方法：原码、反码、补码；
(3) 熟悉定点数和浮点数的表示方法；
(4) 掌握 ASCII 码及 BCD 码的应用；
(5) 了解常见汉字编码；
(6) 熟悉指令格式；
(7) 掌握指令的基本格式和 8086 指令寻址方式；
(8) 掌握 8086 各类指令的功能及应用。

2. 课程思政元素挖掘及教学设计案例

★ 在讲解计算机数制时，引导学生总结在生活和学习过程中遇见的各种进制。从数据计算和存储、电子元件实现的角度，分析现代电子计算机采用二进制而不是其他进制的原因。二进制思想源于中国，引导学生感受中国传统文化和中华文明的博大精深，激发学生的民族自豪感和自信心，产生“祖国是值得我们深深热爱和自豪的伟大国家”的内在情怀。

具体教学设计如下：

教师首先提出问题：“1 + 1 = ？”，然后组织学生进行讨论，让学生知道计算机是使用二进制进行计算的，采用“逢二进一”的进位原则。接着再提出问题：二进制思想是谁提出的？同时用幻灯片的形式展示莱布尼茨头像和易经八卦图，并指出这两张看似风马牛不相及的图片，实则有着千丝万缕的联系，让学生查阅资料，找到两者的联系。最后，教师进行总结：莱布尼茨正是受了中国《易经》八卦的启示发明了二进制，从而为计算机存储和数据处理奠定了基础。莱布尼茨首先在《皇家科学院纪录》上发表了《二进制算术的解说》，副标题为“它只用 0 和 1，并论述其用途以及伏羲氏所使用的古代中国数字的意义”。这是西方第一篇关于二进制的文章。后来他又发表了《论中国的哲学》，专门讨论八卦与二进制的共同之处，并指出八卦是古代中国人提出的二进制思想。采用这种教学方式，既可以让学生知道二进制的概念，又可以让学生深刻理解甚至惊叹中国古人的高超智慧和中国当时极高的自然科学及社会科学发展水平，从而激发学生的民族自豪感和家国情怀。

★ 早期美国计算机显示字符采用数字映射字母的方式，20 世纪 60 年代美国国家标准学会制定了 ASCII 编码标准，给出了从 0 到 127 共 128 个字符(包含不可见字符)的编码。美国用计算机技术助力登月，又发展民用科技。中国借改革开放的东风开始大力发展计算机技术，为了和世界接轨，国家标准 GB 2312—1980《信息交换用汉字编码字符集 基本集》发布，它给出了 6000 多个常用汉字的编码。随着信息化的发展，GB 2312—1980 已不能满足日常使用需求，于是 20 世纪 90 年代出现了字符编码 GBK，它在 GB 2312—1980 的基础上为两万多个汉字编码。中华文化博大精深，民族众多，各个民族几乎都有自己独立的语言系统，两万多个汉字也不够用，需要继续发展汉字编码，于是国家标准 GB 18030—2005《信息技术　中文编码字符集》发布，它扩展到了七万多个汉字编码。历史的车轮不断前进，文化相互融合与碰撞。由于各国都自制字符编码，标准不统一，不同的系统显示各国文字时出现了乱码。不同编码之间的冲突成为人与人之间自由交流沟通的阻碍。最后 ISO(国际标准化组织)制定了 Unicode 编码。Unicode 编码是可以容纳世界上所有文字和符号的字符编码方案，被译为万国码，它使得计算机可以实现跨语言、跨平台的文本转换及处理。它的诞生也是全人类“共同价值”的体现。以上述事实引导学生要具有全球视野，以便更好地发展。

具体教学设计如下：

教师先通过幻灯片让学生了解英文字符和中文字符编码方式的差异，再指出虽然汉字体系本身的特点和多民族多语言的现实使得编码工作难度大大增加，但中国在这种落后的、不利的条件下努力攻关，形成了自己的编码体系。让学生意识到：随着“地球村”上“村”与“村”间的联系愈加紧密，看待信息技术的发展需要有全局观念，以世界为视域，在世界格局中思考中国问题，既不要沾沾自喜也不要妄自菲薄。课下让学生学习习近平总书记在第七十届联合国大会上的讲话——《携手构建合作共赢新伙伴 同心打造人类命运共同体》，让学生认识到社会主义核心价值观只有与全人类共同的文明成果和“共同价值”进行交流、碰撞、融合，才能不断丰富、创新和发展，才能得以充实、提升和完善，鼓励学生要发奋图强，要具有全球视野。

★ 在介绍 8086/8088 指令时，提出问题：现在 CPU 都 64 位了，学习 8086/8088 这样的 16 位芯片结构和指令系统有什么意义？为什么不直接学习当今流行 CPU(i9)的指令系统？通过讨论，让学生认识到学习 8086/8088 指令的必要性。80x86 系列的架构是一脉相承的，并一直保持着向下的兼容性，所以 8086/8088 指令的学习必不可少。要研究 i 系列多核多线程处理器的工作原理，前提是要先了解最基本的 CPU 工作模式、指令操作、操作数寻址、寄存器使用等知识，如果不熟悉基本的概念和操作，就无法理解复杂的结构。就像再复杂的数学运算，其基础也是最基本的四则运算一样。古人云“合抱之木，生于毫末；九层之台，起于累土；千里之行，始于足下”，引导学生要沉下心，打牢基础，才能在学习和科研的道路上越走越远。

具体教学设计如下：

教师首先通过幻灯片展示 8086 芯片和奔腾芯片，然后从内部编程结构、寄存器、存储器管理模式等多个方面，由外及内、由表及里地进行对比和分析，让学生从多层面感受到它们的相同点和差异。然后，指出每一代芯片的进步都是在上一代芯片基础上进行改进和提升的，让学生认识到学习 8086 芯片结构和指令系统的必要性，提醒学生不论学哪门课程都要端正态度，不能急功近利，要一步一个脚印向前走。

四、汇编语言程序设计

1. 知识与能力培养目标

汇编语言程序设计一章主要介绍汇编语言语法以及程序实现的步骤。汇编语言是面向机器的语言，汇编语言程序设计具有其特殊性，可以通过典型程序设计实例来阐述面向过程的汇编语言程序设计方法。本章的重点内容：分支程序设计、循环程序设计、子程序设计的方法以及 DOS 和 BIOS 功能调用方法；本章的难点内容：汇编语言程序的基本结构、设计方法，伪指令、子程序的使用。

具体培养目标如下：

(1) 了解计算机语言的发展史；

(2) 掌握汇编语言程序的基本结构；

(3) 掌握汇编语句的组成及各部分功能；

(4) 熟悉伪指令的功能与应用；

(5) 掌握顺序结构、分支结构、循环结构的设计方法；

(6) 熟悉子程序的调用方法和原理；

(7) 了解宏指令、宏汇编和条件汇编的概念，掌握宏调用的特点及方法；

(8) 掌握汇编语言程序实现步骤及流程；

(9) 掌握 DOS 和 BIOS 功能调用方法。

2. 课程思政元素挖掘及教学设计案例

★ 汇编语言属于结构化程序设计语言，结构化程序设计的四个原则如下：

(1) 自顶向下。程序设计时，应先考虑总体，后考虑细节；先考虑全局目标，后考虑局部目标。不要一开始就过多追求众多的细节，要先从最上层总目标开始设计，逐步使问题具体化。

(2) 逐步求精。对于复杂的问题，应设计一些子目标作为过渡，逐步细化。

(3) 模块化。一个复杂的问题是由若干简单的问题构成的。模块化是把程序要解决的总目标分解为子目标，再进一步分解为具体的小目标，每一个小目标称为一个模块。

(4) 限制使用 go-to 语句。

通过复习 C++程序设计和汇编语言编程，让学生认识到这些原则的合理使用是正确设计程序的基础，并引申到良好习惯的养成在学习、生活和工作中的重要性。

具体教学设计如下：

首先引入典型程序实例，通过提问和讨论的方式让学生分析整体算法思想和程序框架，并结合程序设计的四个原则从整体到局部、从大模块到小模块、从语法规则到选择结构和循环结构的实现来“庖丁解牛”，探究程序结构。然后引出程序设计的四点感悟：识大局、拘小节、懂规矩、强能力，以此引申到做人做事，引导学生在实际生活和工作中也要识大局，注重细节，注重良好的习惯养成，做到懂规矩、守纪律，努力学习，不断提高自己的能力。

★ 计算机病毒不同于生物意义上的病毒，它没有生命，本质上就是人为设计出来的指令或代码。在当今全球互联的大环境下，计算机病毒对信息系统造成的破坏和影响不容忽视。在程序设计和算法思想的教学过程中，要强调“有所为，有所不为”，做事做人要有底线、有原则，自觉遵守职业行为准则和道德规范，增强学生的工程伦理素养。同时提醒学生，对自己或团队研发的软件设计成果享有软件知识产权，必要时可申请专利保护。

具体教学设计如下：

教师通过幻灯片展示各种臭名昭著的电脑病毒，并介绍病毒进化史，指出起初的电脑病毒只是编制者单纯地为了显示自己的水平而编写的(比如大麻病毒、小球病毒)，后来是利用病毒去攻击一些服务器或者数据库，有针对性地打击对手(比如冲击波病毒)，再后来是依靠编写病毒牟利，牟利的方式包括但不限于窃取用户的密码、数据、历史记录，强制加密用户数据进行勒索等(比如弼马温病毒)。通过这些反面典型案例，突出说明在信息系统中不遵循道德规范对社会造成的严重影响和始作俑者自身所付出的代价；同时强调编程能力是一把双刃剑，主动权掌握在开发者自己手中，用得好，可以成为推动社会主义文化建设和精神文明建设的有力武器，用不好，伤人伤己，以此让学生理解在信息世界中遵循职业道德规范的重要性，增强学生的工程伦理意识和法律意识。另外，对于自己或团队的劳动成果，要有保护软件著作权和知识产权的意识。

五、8086 系统时序和微机总线

1. 知识与能力培养目标

8086 系统时序和微机总线一章主要介绍时钟周期、总线周期和指令周期的概念，8086

和 8088 微处理器的引脚信号，8086 最小工作模式和最大工作模式的概念，8086 和 8088 两种工作模式下的时序，以及微型计算机系统中的常用总线和规范。本章的重点内容：时钟周期、总线周期和指令周期的基本概念，8086/8088 微处理器的引脚信号及最小工作模式下的时序分析；本章的难点内容：8086 微处理器的各种工作时序。

具体培养目标如下：

(1) 理解时钟周期、总线周期和指令周期的基本概念；

(2) 掌握 8086 微处理器的引脚信号；

(3) 掌握 8086 微处理器基本总线操作时序；

(4) 熟悉微型计算机系统中的常用总线和规范；

(5) 了解分级总线结构；

(6) 了解微机总线的发展历程。

2. 课程思政元素挖掘及教学设计案例

★ 8086 中不同指令的指令周期是不等长的，对于多字节指令，取指(存储器读)需要多个总线周期。另外，在指令执行阶段，寻址方式不同，需要的总线周期个数也不相同。8086 的一个总线周期一般由 4 个时钟周期组成。时钟周期是计算机中最基本的、最小的时间单位，在一个时钟周期内，CPU 仅完成一个最基本的动作。从指令周期、总线周期和时钟周期的关系可以映射到全局和局部的关系，全局由各个局部组成，但并不是各个局部的简单总和，而是有着内在联系的统一整体。通过总线时序的分析可以清楚地看到全局与局部的这种关系。另外，全局高于局部、统率局部，对局部的发展变化起着主要的决定作用。

具体教学设计如下：

本章出现的关于周期的多个概念和操作时序，比较抽象，学生难以理解，教师可以采用幻灯片演示和对比、类比的方法使这些内容形象化，更易于理解。同时采用“提问—思考—讲解”的模式，在讲解完基本概念后提出：指令周期、总线周期和时钟周期之间存在怎样的关系？给学生一定的思考时间和空间。然后，教师归纳总结：指令周期是由若干总线周期构成的，总线周期又是由时钟周期构成的，同时引导学生要正确处理全局和局部的关系，既要树立全局的观点，识大体、顾大局，还要注意局部对全局的作用，要充分发挥局部的积极性，只有把全局和局部协调起来，才能提高辩证思维能力。最后，教师指出系统论方法的基本出发点就是整体性，它要求人们从整体出发，从整体与部分之间、整体与环境之间的相互联系、相互制约中，综合考察对象，立足整体，统筹全局，选取总体上的最优化方案，让学生掌握马克思主义方法论。

★ 在计算机系统中，各个功能部件都是通过系统总线交换数据的，总线的速度对系统性能有着极大的影响。因此，总线被誉为计算机系统的神经中枢。但相比 CPU、显卡、内存、硬盘等功能部件，总线技术的提升步伐要缓慢得多。在 PC 发展的二十余年中，虽然总线只进行了三次更新换代，但它的每次变革都令计算机的面貌焕然一新，由此引导学生对质量互变规律进行思考(质量互变规律揭示了事物、现象由于内部矛盾所引起的发展是通过量变和质变的互相转化而实现的)，培养学生的辩证思维能力。

具体教学设计如下：

教师首先通过幻灯片展示计算机系统总线的详细发展历程，包括早期的PC总线和ISA总线、PCI/AGP总线、PCI-X总线以及主流的PCI Express、HyperTransport高速串行总线。然后组织学生讨论，让学生总结出系统总线三次更新换代的历程，并指出计算机性能在这三次大转折中也完成了三次飞跃式的提升，引导学生意识到没有总线技术的进步，就没有计算机的快速发展。最后，教师指出人类对高速总线的渴求从未停止过，PCI Express 4.0和HyperTransport 4.0都已提上日程，它们将会再次带来效能提升。由此启发学生：在学习和实践中，既要做艰苦的量的积累工作，要有脚踏实地、埋头苦干的精神，也要高度重视质变，在量变达到能够引起质变时要有敢于突破的勇气和破旧立新的精神，从而把工作和事业推向一个新的阶段。

★ 在通用串行总线(USB)的数据传输过程中，数据循环冗余校验(CRC)是为了保证传输中数据的正确性而采用的数据保护方法。USB 3.0协议一方面提供了一系列硬件和软件措施，以保证数据传输的正确性；另一方面在每个包中加入检测位以发现瞬时的错误。该协议对每个包的控制位和数据位都提供了循环冗余校验，若出现了循环冗余码错误，则认为该包已经损坏，可以根据双方协议规定要求发送方重新发送包。如果没有这些层层的保护措施和校验机制，则无法确保接收数据的有效性和正确性，数据后期的解析、处理更是无从谈起。由此引导学生在今后的科研工作中，对待每一个环节都要谨慎细心，培养学生严谨的工匠精神和一丝不苟的工作作风。

具体教学设计如下：

教师通过幻灯片让学生回忆生活中曾接触过的采用USB接口的外部设备，并得出目前USB接口使用很普遍的结论。再以提问方式引导学生思考：为什么这种数据交换模式得到了广泛的普及和流行？由于USB可以串接，而且一个USB口可以串接多个USB设备，因而减少了微机与外部设备连接的I/O端口，使PC与外部设备之间的连接更容易。所以深入了解USB的数据传输方式和USB总线协议非常重要。在讲解USB的错误检验与恢复时，让学生回顾其他通信课程接触过的多种数据校验方式，以达到融会贯通的目的。CRC检验法应用于USB的错误检验，可以根据传输类型的要求进行相应处理。如果数据传输要求有较高的数据准确度，则选择支持所有的错误检验与重试来保证端对端数据的完整传输。同时从USB传输过程中存在自我差错和纠错手段入手，引导学生认识到在工作和学习中粗心大意会导致各种失误和错误，或者引发连锁反应，鼓励学生要养成良好的习惯，在工作中要像计算机通信协议的设计一样“细微之处见真功”，要自我审视、自我检查，及时纠错，把每一个可能影响正常工作的小错误扼杀在萌芽中，养成严谨的科学态度和一丝不苟的工作作风。

六、存储器

1. 知识与能力培养目标

存储器一章介绍半导体存储器芯片的结构、工作原理、地址译码方法及外部特性，典型的半导体存储器芯片，实现内存储器接口的基本技术，以及 16 位和 32 位微机系统中内存储器的实现技术。本章的重点内容：SRAM、DRAM、PROM、EPROM、E^2PROM 和 Flash ROM 的基本概念及工作原理，典型半导体存储器芯片与 CPU 的连接方法；本章的难点内容：典型半导体存储器芯片与 CPU 的连接方法。

具体培养目标如下：

(1) 掌握存储系统的层次结构；

(2) 掌握半导体存储器的分类与主要性能指标；

(3) 掌握 RAM 的内部结构和工作过程；

(4) 了解典型的 SRAM 和 DRAM 芯片；

(5) 了解只读存储器 EPROM、E^2PROM 和 Flash ROM 的工作原理和典型芯片；

(6) 掌握由 RAM 芯片组成微型机的读/写存储器的原理；

(7) 了解高速缓冲存储器(Cache)。

2. 课程思政元素挖掘及教学设计案例

★ 存储器整个结构可以看成两个层次：“主存-辅存”和“Cache-主存”。这个层次系统中的每一种存储器都是一个有机的整体，其中“主存-辅存”层次作为一个存储整体，形成的可寻存储空间比主存空间大得多。由于“主存-辅存”的储存容量大、价格低，因此存储系统的整体平均价格低。由于 Cache 的存取速度可以和 CPU 的工作速度相媲美，因此“Cache-主存”层次可以缩小主存和 CPU 之间的速度差距，从整体上提高存储器系统的存取速度。尽管 Cache 成本高，但是其容量小，故不会使存储系统的整体价格增加。因此，若对速度要求不高，应将大容量作为首选；而若要与高速的 CPU 直接进行信息交换，则选择 Cache。以此引导学生思考主要矛盾和次要矛盾的关系原理及现实意义，让学生在实践中学会区分主次矛盾，并学会全面看问题，坚持两点论和重点论的统一。

具体教学设计如下：

教师首先抛出问题：CPU、内存与众多外存在数据通信速率方面差异较大，计算机在实现这些部件通信时，如何弥补部件与部件之间的巨大速率差？让学生思考如何构建计算机的存储系统，如何解决各个部件与器件对快速、大容量的“矛盾”存储问题。然后引出计算机的两大存储层次和 Cache 的概念，使学生明白：在存储体系中，外部设备、主机的存储方式是有区别的。计算机为了满足不同层次的要求，采用了多级总线与接口电路等方式。在“Cache-主存”的存储系统中，Cache 解决了存储系统的速度问题和容量问题，有效地化解了存储器的速度、容量、价格之间的矛盾。以此启发学生思考主要矛盾和次要矛盾的辩证关系：既要抓重点，又要学会统筹兼顾；既要集中力量解决主要矛盾，又要恰当地处理次要矛盾；既要明确主攻方向，把握中心和关键，防止不分主次，又要学会统筹兼顾，恰当处理好次要矛盾，学会“弹钢琴”，防止“单打一”。

★ 本章出现的概念、原理和各种存储器内容较多，仅半导体存储器就可以划分为 RAM 和 ROM，而 RAM 又可以进一步划分为 SRAM 和 DRAM，ROM 划分的种类则更多，有掩模式 ROM、PROM、EPROM、E^2PROM 和 Flash ROM 等。存储器接口中的片选控制方式有三类：全译码方式、部分译码方式和线选方式。在教学过程中，引导学生用比较和对比的方法来了解不同存储器芯片的结构、工作原理、地址译码方法及外部特性，并联系当前流行的存储器技术，找到理论中对应的知识点，从而加深对本章知识点的理解。

具体教学设计如下：

对于本章中出现的典型存储器芯片，通过幻灯片展示引导学生找到实际应用中的存储器芯片，比如常见的内存条、U 盘等，让学生用课堂上掌握的基础知识理解新知识、新技术。介绍 Cache 后，教师让学生做调查：目前流行的 CPU 有几级缓存？每级缓存多大？为什么这样配置？以此加深学生对缓存的认识。介绍存储器的工作原理后，对于目前市场上流行的 DDR3、E^2PROM 和 Flash ROM 等，让学生比较它们的技术特点，并且通过查阅资料分析它们未来的发展方向。最后，通过适当的课后练习，帮助学生巩固和内化知识，启发学生运用知识来解决问题。

★ 在介绍完本章的知识点后，用《中国打破闪存芯片技术瓶颈，成功攻克最先进的 128 层闪存》新闻报道和“中国半导体之父”——中芯国际的创始人张汝京的奋斗历程给学生做一个拓展学习，让学生意识到科技是第一生产力，这是经过实践检验的真理，也是国家强盛的关键，与其寄希望于别人，不如自己主宰命运。

具体教学设计如下：

教师首先通过幻灯片演示“中国半导体之父”——中芯国际的创始人张汝京的奋斗历程，让学生看到张汝京和中芯国际的艰难奋斗历程，以及中国半导体产业攻坚的勇气和决心。然后让学生阅读资料《中国打破闪存芯片技术瓶颈，成功攻克最先进的 128 层闪存》，了解中国近年来在半导体领域作出的成就，增强学生的民族自豪感和科技报国的志向。

七、输入/输出接口

1. 知识与能力培养目标

输入/输出接口一章主要介绍 I/O 接口的内部结构、外部特性、基本功能和数据传输控制方式。以无条件传输为例，介绍最常用的简单输入/输出接口芯片(锁存器 74LS373、缓冲器 74LS244 和数据收发器 74LS245)的工作特性以及与软件程序相互配合的方法；以有条件传输为例，说明状态端口的使用方法；使用中断方式让外设具有信息交换的主动性，使用 DMA 方式提高数据传输速度。本章的重点内容：I/O 接口的功能、CPU 与外设之间数据的传输方式、I/O 端口编址方式；本章的难点内容：DMA 控制器 Intel 8237A 的传输方式和特点。

具体培养目标如下：

(1) 了解 I/O 接口的发展历程；

(2) 掌握 CPU 与 I/O 设备之间传输信息的分类；

(3) 熟悉接口的主要功能；

(4) 掌握 I/O 接口的结构和端口编址方式；

(5) 了解简单的 I/O 接口芯片；

(6) 掌握 CPU 与外部设备之间数据的传输方式；

(7) 了解典型 DMA 控制器 Intel 8237A 的内部结构及引脚、工作周期、工作方式、软件命令和时序。

2. 课程思政元素挖掘及教学设计案例

★ 早期的计算机并没有单独的 I/O 接口电路，I/O 操作是在累加器的直接控制下完成的。这种方式的缺点是：当累加器忙于 I/O 操作时，无法处理其他工作，所以计算机的运行速度会被 I/O 操作限制。为了解决此问题，出现了带缓冲器的 I/O 装置，这样在 I/O 操作过程中累加器还可以进行其他的计算和操作。目前，这种缓冲器装置被发展、改进，形成了功能更强的电路，使主机与外设能够协调完成 I/O 操作。唯物辩证法认为，一切事物总是在不断发展变化的。随着计算机硬件系统的不断更新和计算机应用领域的不断拓展，I/O 接口也经历了从无到有、从简单到复杂的发展历程。I/O 接口的发展史充分体现了马克思主义的哲学观，以此培养学生自觉运用辩证唯物主义的意识。

具体教学设计如下：

教师首先通过幻灯片介绍 I/O 接口的发展历程，然后讲解 I/O 接口的功能、结构和控制方式等知识点，让学生体会到目前 I/O 接口功能的完备性与灵活性。最后指出，世界上一切事物都处在永不停息的变化发展之中，都有其产生、发展和灭亡的过程，发展的实质是事物的前进和上升，是新事物的产生和旧事物的灭亡，让学生意识到“学习如逆水行舟，不进则退”，提醒学生要在学习中提升自己、强大自己，树立正确积极的学习态度。

★ 计算机外部设备的工作速度相差很大，要使 CPU 与各种外部设备之间的速度相匹配，确保数据传输过程的正确和高效非常重要。CPU 与外部设备之间的数据传输采用程序轮询方式、中断控制方式和成组数据传送(DMA)方式。I/O 控制方式无论采用程序轮询方式、中断控制方式、DMA 方式中的哪一种，均服务于一个目标：尽量减少 CPU 对 I/O 过程的干预，使 CPU 完成有效的计算任务。以此引导学生在寻求问题解决方式时，要坚持以目标为导向，这样才可以更加客观、全面、理性地把握发展的方向，探索并遵循事物发展的规律。

具体教学设计如下：

在讲解数据传输方式时，先通过两个程序实例让学生了解数据传输方式中的无条件传输方式和条件传输方式的操作特点，然后比较两者的优缺点和适用场合，让学生了解其技术特点。最后总结归纳这两种方式共同的缺点：CPU 使用率低和实时性差，指出为了克服程序轮询方式的缺点，产生了中断控制方式。在讲解中可类比生活中有客人忽然来访的实例让学生对这种方式的处理过程更加形象清晰化。教师再进一步引导学生采用对比和归纳的方法得出结论：不管是程序轮询方式还是中断控制方式，数据传输率都不高，因此为了满足高速外设的需求，产生了不需要 CPU 参与(不需要 CPU 执行程序指令)，而在专门硬件控制电路控制之下进行的外设与存储器直接传送数据的方式——DMA 方式。通过对 Intel 8237A 芯片结构、工作方式和过程的讨论来深化学生对 DMA 控制器的认识，让学生认识到坚持以目标为导向寻求解决问题方法的重要性，并强调目标和问题是辩证统一的关系。如果仅以目标为导向而离开了具体问题的解决和突破，那么这样的目标就像画在墙上貌似可以充饥的饼，无法引领发展方向；但如果脱离了目标，而侧重以问题为导向，则很容易一叶障目，解决问题也失去了其价值和意义。

★ CPU 与外部设备之间的数据传输，不论是程序轮询方式还是中断控制方式，都依赖于具体的 CPU 芯片类型进行相关程序的执行，即使是 DMA 方式，比如 Intel 8237A 芯片是可编程芯片，也具有自己的软件命令，以此引申到软件和硬件之间的关系类似于物质和意识之间的关系。

具体教学设计如下：

首先讲解 I/O 接口芯片和 DMA 控制器 Intel 8237A，让学生认识到既要了解 I/O 接口芯片和 Intel 8237A 的内部结构与工作特性，又要熟悉利用软件操控它的方法，这样才能真正应用软件灵活操控硬件，达到想要的效果。然后，将硬件与软件之间的关系从哲学角度升华为物质与意识的关系，引导学生从以下几个方面进行分析：① 物质和意识何为第一性？存在没有软件的硬件，但软件绝不能脱离硬件独立存在。② 物质决定意识。硬件决定了软件，任何软件只能在合适的硬件上运行，例如应用于 Intel 8237A 上的程序无法应用于 Intel 8259A。③ 意识对物质具有反作用，比如利用软件可以控制电流信号以刷新动态存储器，CIH 病毒甚至可以破坏计算机硬件。④ 物质与意识的对立并非绝对的，在一定条件下可以相互转化。随着技术的革新，软件与硬件的界限变得越来越模糊，比如 BIOS 软件固化。

八、中断系统

1. 知识与能力培养目标

中断系统一章主要介绍微型计算机系统中的重要技术——中断。中断是对微处理器功能的有效扩展。利用外部中断，微型计算机系统可以实时响应外部设备的数据传输要求，能够及时处理外部意外或紧急事件。利用内部中断，微处理器可为用户提供发现、调试并解决程序异常的有效途径。本章的重点内容：微机中断系统的功能、中断处理过程、中断管理，以及 80x86 系列的外部中断、内部中断和中断向量表；本章的难点内容：可编程中断控制器 Intel 8259A 的内部结构、工作原理及应用。

具体培养目标如下：

(1) 掌握中断的概念和常见中断源；

(2) 熟悉中断系统的功能；

(3) 熟悉中断处理过程的五个基本阶段；

(4) 熟悉中断优先逻辑的具体实现方法；

(5) 掌握 80x86 系列的中断系统中的外部中断、内部中断和中断向量表；

(6) 熟悉 80x86 系列中断响应过程；

(7) 了解 Intel 8259A 的功能、内部结构、工作方式和编程方法；

(8) 了解 Intel 8259A 的级联。

2. 课程思政元素挖掘及教学设计案例

★ 中断是微型计算机系统中非常重要的一种技术，是对微处理器功能的有效扩展。微型计算机系统除需要管理软硬件资源，保证常规工作的正常运行外，还必须考虑外部设备的数据传送请求，各种错误的及时发现，出现意外事件时计算机能否及时、妥善处理等情况。如果没有应对各种突发事件的能力，任何一个异常事件的发生都有可能导致系统的瘫痪或崩溃。以此引申到工作中，在开始工作前，应先制订出完备、周详的工作方案，做好积极应对各种突发事件的准备。

具体教学设计如下：

首先，组织学生讨论微型计算机中断系统的必要性和重要性：当程序运行时，若系统内部、外部或现行程序本身出现紧急事件，则处理器必须终止现行程序的运行，改变机器的工作状态并启动相应的程序来处理这些事件，然后再恢复原来程序的运行。这体现了微型计算机系统中相对比较成熟完善的设计体系。然后，引导学生回忆生活、学习中经常遇见的“中断”，比如电源掉电、硬件损坏、打印机或键盘请求、程序除 0 错误，或者 C++ 编程过程中为调试程序而人为设置的断点，等等，让学生意识到在生活中中断的发生无时无处不在，再引导学生对中断源进行分类。当中断发生时，中断系统会根据中断源的不同类型和优先权制订对应的中断处理方案。由此联想到当下的新冠疫情防控，让学生更深刻地领会到“不打无准备之仗，不打无把握之仗”的重要性。最后，指出：我国一直保持着防控体系的高效运转，在严防境外新冠病毒输入的同时，加强重点场所防控，对于发生的异常事件(人员、环境、物品阳性)，积极应对、及时响应(流调溯源、修改风险区划定、增加监测频次、人员排查、全员核酸检测等)，让学生坚信积极全面应对的态度和具体措施能使我们在这场抗疫“战争”中最终取得胜利。

★ 一个完整的中断处理过程主要包括中断请求、中断判优、中断响应、中断处理及中断返回。其中关键的中断处理通常由中断服务程序完成，一般的设计模式为：

(1) 保护现场。为了使中断服务程序的运行不影响主程序的状态，将中断服务程序中用到的寄存器内容压入堆栈保护。

(2) 执行中断服务程序。这是中断处理的核心部分，用来完成中断源要求完成的任务。

(3) 恢复现场。将中断服务程序执行前保护的信息从堆栈中弹出，恢复到原寄存器。

把保护现场和恢复现场的工作交给堆栈，是由堆栈自身的操作特性所决定的。堆栈的先进后出(FILO)特性决定了它最适合做这项工作。以此引导学生在工作和生活中，寻找解决问题的途径时一定要具体问题具体分析，这样才能获得理性的解决方案。

具体教学设计如下：

在讲解栈和队列两种数据结构时，可先通过生活中的实例来介绍其操作特性。比如，生活中排队买票、超市购物结账就符合队列的先进先出(FIFO)特性，而铁路调度、垒盘子和取盘子则符合堆栈的先进后出(FILO)特性。然后，指出微处理器在读取指令后会利用指令队列来存放预取的指令代码，而在中断服务程序执行时则利用堆栈进行现场的保护和恢复。接着，提出问题：为什么在不同的场合采用不同的存取方式？让学生思考并分组讨论。最后，进行总结：使用何种结构是由处理事务的性质和期望得到的效果所决定的。以此引导学生在今后的工作和学习中，要根据事情的不同情况采取不同措施，要深入实际调查研究，在研究中要反对主观性、片面性和表面性，做到具体问题具体分析。

九、常用可编程接口技术及应用

1. 知识与能力培养目标

常用可编程接口技术及应用一章主要介绍常用可编程接口芯片的内部结构、工作方式及初始化编程。本章通过 8253 定时器接口芯片，介绍微型计算机的定时方法及应用；通过 8255A 并行接口芯片，介绍并行传输方法，以及与打印机、简易键盘和段数码管相关的接口；通过交通信号灯控制系统，进一步阐述 8253、8255A 并行接口芯片的综合应用。本章的重点内容：并行通信、并行接口电路、典型并行接口芯片的工作原理及使用方法；本章的难点内容：可编程并行接口电路 8255A 及其应用。

具体培养目标如下：

(1) 掌握 8253 定时器接口芯片的功能及结构；

(2) 了解 8253 定时器接口芯片的控制字格式和初始化编程原则；

(3) 熟悉 8253 定时器接口芯片的工作方式和工作时序；

(4) 熟悉 8253 定时器接口芯片的初始化编程和典型应用；

(5) 熟悉 8255A 并行接口芯片的内部结构、引脚功能和工作方式；

(6) 掌握 8255A 并行接口芯片的典型应用。

2. 课程思政元素挖掘及教学设计案例

★ 讲解可编程逻辑器件的概念时，强调相比一般逻辑器件，可编程逻辑器件内部的数字电路可以在出厂后再进行规划，有些类型的可编程逻辑器件还允许多次更改规划，以此提升芯片的灵活性，减少设计人员的工作量。由此可引申到学生的培养上，在学校不仅要注重课本知识的学习，更要注重学习能力的培养，提升自学能力。通过多种能力的培养，提升学生灵活的思维能力，以适应社会的发展。

具体教学设计如下：

在讲解可编程逻辑器件时，通过与一般逻辑器件的对比分析，总结可编程逻辑器件的优点：可根据设计人员的需求进行规划，从而减小工作复杂度，提升芯片的灵活性。由此引申到大学生的培养：首先，掌握知识固然重要，但不能只按照课本知识学习，要注重综合能力的提升；其次，当前社会是网络快速发展的社会，应加强从网络获取知识的能力；最后，面对迈入社会后的各种未知，需具备灵活思维与适应的能力，提升自学能力。总之，只有提升学习能力，才能在生活和工作中找到更适合自己发展的方向。

★ 在做并行传输实验时，设置基本输入/输出实验和流水灯显示实验任务，分组进行实验。要求学生掌握 8255A 并行接口芯片的工作方式和引脚功能，熟悉其典型应用电路的连接方法，完成程序的编写和调试，同时掌握程序固化和脱机运行程序的方法。在设置基本输入/输出实验过程中，要求学生注重细节，多观察、多思考，培养学生严谨的实验研究态度；在设计流水灯显示实验时，要求学生发挥团队协作精神，多查阅文献资料，按照操作流程大胆设计，培养创新精神和工匠精神。

具体教学设计如下：

并行传输实验使用 8255A 并行接口芯片。首先让学生预习实验内容，并根据实验内容提出设计方案，然后组织学生分组进行实验。在 8255A 并行接口芯片基本的输入/输出实验过程中，应根据实验要求连接电路，拨动开关完成数据传输，并观察数据的变化情况，同时认真做好记录。通过验证实验，培养学生认真和细心做实验的态度，引导学生注重操作细节，对实验结果要多观察、多思考，培养严谨的科学研究态度。在流水灯显示实验过程中，应按照提前制定的设计方案实施，发挥团队协作精神，注重提升创新能力；遇到问题时，引导学生自己思考解决方案，培养大国工匠精神。

十、串行通信

1. 知识与能力培养目标

串行通信一章主要介绍串行通信的基本概念、串行接口标准和串行通信方式，详细阐述可编程串行接口芯片(通用异步接收发送器 8250 和通用同步/异步接收发送器 8251A)的内部结构、工作原理及应用。本章的重点内容：串行通信的基本概念及串行接口的相关技术；本章的难点内容：可编程串行通信接口 8251A 的典型应用。

具体培养目标如下：

(1) 掌握串行通信、并行通信的概念及优缺点和适用场合；

(2) 熟悉串行通信涉及的常用术语和基本概念；

(3) 了解串行通信接口标准；

(4) 熟悉通用可编程串行通信接口芯片 8250 的基本功能和结构；

(5) 熟悉利用 8250 芯片实现异步通信和中断通信的编程方法；

(6) 了解 8251A 芯片的基本功能和工作原理；

(7) 了解 8251A 芯片的编程和典型应用。

2. 课程思政元素挖掘及教学设计案例

★ 在讲解串行通信用于微型计算机与计算中心之间、微型计算机系统之间、微型计算机与其他系统之间的传输时，将不同系统之间的传输引申到人与人之间的交流沟通上，培养学生的沟通能力。在不同系统传输过程中，需要满足串行通信标准；同理，学生在人际交往过程中，要有正确的态度，要在合理、合法和诚信的前提下实现共赢。

具体教学设计如下：

首先通过幻灯片展示串行通信的示意图，同时讲解数据在各系统之间是如何完成串行通信的。以高速的串行通信标准(USB 接口标准)为例，简要讲解串行通信接口标准的内容，由此引申到人与人的沟通，强调人际关系处理是日常最难学习的，未来的工作中也会接触到，在与人沟通时，既要积极提升沟通能力，把最好的自己展现给对方，也要有正确的人际交往心态，不能抱着功利的思想进行人际交往。在讲解同步和异步串行通信过程中的不同要求时，提示学生可根据所交际的人的不同特点，寻找不同的交流方式，引导学生通过调整自己的交际方式，提升与他人的沟通能力，实现双方共赢，并强调保持健康的心态是建立正常交际关系的前提，只有友善待人、和睦相处，才能形成良好和谐的相处氛围。

★ 串行通信接口标准 RS-232C 是美国电子工业协会发布的串行结构标准，已经成为国际上通用的标准串行通信接口。随着改革开放的不断深入，我国工业通信业标准的技术水平、创新能力和国际化程度不断提升，越来越多的中国标准成为国际标准，中国的发展已经走向国际化。以此提醒学生要拓宽视野，在提升学习能力的同时要不断拓展知识，提高自己的综合素质。

具体教学设计如下：

在讲解了串行通信标准 RS-232C 作为国际标准被广泛应用后，提问：还了解哪些国际标准？知道哪些中国标准已经成为国际标准？然后引导学生通过网络搜索相关知识，并根据学生的查询结果再次提问：中国标准成为国际标准的意义是什么？最后总结学生发言：越来越多的中国标准成为国际标准，表明中国的发展越来越国际化，国家越来越强大，因此要求学生要拓宽视野，更多地关注国际动态，积极提升适应国际化发展的政治素养、科学思维和创新能力，要与时俱进，根据不同时期的要求及时调整自己的学习方法，以适应千变万化的世界。

★ 根据串口通信实验要求，让学生自由分组完成实验内容。通过实验，学生应掌握串口标准，理解串口通信的原理，能够在 PC 和 PC 之间通过串口进行数据的收发；熟悉利用软件实现串口通信的方法，完成验证性实验和设计性实验。最后以团队的形式提交实验报告。在进行设计性实验时，可适当引入竞争评比机制，鼓励学生合理竞争，增强竞争意识。通过实验，培养学生的团队协作精神，增强学生的集体荣誉感。

具体教学设计如下：

根据串口通信的内容设置验证性实验和设计性实验。将学生按每组 3～4 人进行分组，学生可自由组队并推选组长成立实验团队，按照实验要求完成实验内容，并提交实验报告。在实验过程中，强调团队成员之间的沟通和合理分工，培养相互合作的能力。尤其在设计性实验中，需要学生充分发挥各自的优势，取长补短，积极寻求合适的解决方案。最后引入竞争评比机制，在完成实验后以团队的形式进行验收和评比，增强学生的集体荣誉感和竞争意识。

第9章

“数字信号处理”课程思政教学指南

9.1 “数字信号处理”课程总论

1. “数字信号处理”课程简介

“数字信号处理”课程是电类专业、自动化专业、信息与计算科学专业的一门重要的专业课，主要介绍数字信号处理的基本原理、算法及实现方法。本课程一般在大学三年级上学期或下学期开设。前期要学习的基础课程有“高等数学”“电路分析”“模拟电子技术”“数字电子技术”“信号与系统”“微机原理”和“MATLAB 语言”，后续课程有“集成电路设计”“数字图像处理”“模式识别”和“离散信号处理”等。

2. “数字信号处理”课程的教学体系结构

“数字信号处理”课程由理论课和实验课组成，采用理论与实践紧密结合的教学体系。

3. “数字信号处理”课程的教学目标

1) 知识与能力教学目标

本课程的主要内容包括时域离散信号与系统的基本概念、时域与频域的分析方法、相关性的基本概念、信号相关函数及其应用、离散傅里叶变换及其快速算法、数字滤波的基本概念与理论、数字滤波器的设计与实现方法、模拟信号数字化的原理与方法、多采样率数字信号处理的基本理论和高效实现方法，以及数字信号处理的典型应用等。具体的知识与能力教学目标如下：

(1) 掌握离散时间的线性、时不变性、因果性和稳定性；

(2) 掌握常用典型序列，理解采样及内插，理解频谱混叠现象及其产生原因；

(3) 掌握傅里叶变换和 Z 变换的基本算法；

(4) 掌握 FIR 滤波器的基本原理与设计方法；

(5) 了解采样率转换的基本原理及过采样技术；

(6) 了解数字信号处理的典型应用。

2) 课程思政教学目标

在教学过程中，应采用适当的教学方式，实现以下课程思政教学目标：

(1) 通过介绍与数字信号处理技术相关的国内外科学家的奋斗经历和作出的杰出贡献，激励学生学习科学家实事求是的科学态度和勇于探索的科学精神，树立勇攀科研高峰的远大志向。

(2) 在讲解数字信号处理的实际应用时，通过联系生活中的实例和实验内容，培养学生理论联系实际的能力和科技创新的能力。

(3) 在讲解数字信号处理的基本概念时，培养学生的知识迁移能力和辩证的科学思维以及严谨的科学素养。

(4) 在介绍数字信号处理的发展历程及前沿科技时，融入社会主义核心价值观，增强学生的民族自豪感，激发科技报国的家国情怀。

(5) 通过 MATLAB 编程和滤波器设计，让学生积累实践经验，加深对"实践是检验真理的唯一标准"的理解，培养学生坚韧的意志品质和精益求精的工匠精神及职业素养。

4. 常用专业教材

采用高西全、丁玉美和阔永红编著的《数字信号处理——原理、实现及应用(第 3 版)》(电子工业出版社出版)。2006 年出版第 1 版，2010 年出版第 2 版，2016 年出版第 3 版，目前第 3 版已被许多国内大学采用。本教材突出基本原理、基本概念、基本分析方法，着重介绍数字信号处理的基本理论及滤波器设计，并配有大量的习题与上机题，应用 MATLAB 软件实现。

9.2 "数字信号处理"课程思政教学设计案例

一、绪论

1. 知识与能力培养目标

绪论部分着重介绍数字信号处理(DSP)的基本内容、实现方法和主要优点，简单介绍数字信号处理理论及应用技术所需要的理论基础和数学工具。

具体培养目标如下：

(1) 了解数字信号处理的内容和研究方法；

(2) 了解数字信号处理涉及的理论基础及相关数学工具。

2. 课程思政元素挖掘及教学设计案例

★ 在讲解一维确定性信号的种类时，按照时间和幅度变量的连续性和离散性对信号进行分类，同一个信号可以在时域和频域进行分析处理，以此引入多角度思考问题和多维度分析问题的哲学思维方式，培养学生利用所学知识进行多角度思考的习惯。

具体教学设计如下：

首先，介绍一维确定性信号的分类。一维确定性信号一般是时间的函数，按照时间变量和幅度变量的连续性和离散性，将一维确定性信号分为模拟信号、时域离散信号、幅度离散信号和数字信号。时域里的一维确定性信号经过傅里叶变换、Z 变换和离散傅里叶变换后，将转换成频域信号。然后，结合“宇宙是一种多维度的存在”的哲学思想，让学生理解客观事物的多维性，并指出看待问题的角度很重要，需要考虑不同角度下事物的不同性质，这样才能更准确、更详细地了解一个事物。此教学设计可培养学生多视角、多立场看问题的习惯。

★ 数字信号处理的理论及应用技术的内容十分丰富和广泛，列举各种基础理论和应用技术，拓宽学生的视野，让学生认识到基础研究的重要性，激发学生的学习兴趣，培养其正确的学习态度和科学素养。

具体教学设计如下：

首先，简要介绍数字信号处理的理论及应用技术。数字信号处理涉及微积分、随机过程、高等代数、数值分析、复变函数和各种变换等数学基础知识。数字信号处理的理论基础包括网络理论、信号与系统等，其技术实现又涉及计算机系统、数字信号处理(DSP)技术、微电子技术、专用集成电路技术、神经网络和程序设计等。DSP 的应用涉及通信、雷达、人工智能、模式识别、航空航天、图像处理等领域。由此可见，要从事数字信号处理理论研究和应用开发工作，需要学习的知识很多。然后，借用苏轼《稼说送张琥》中的一句话“博观而约取，厚积而薄发”，引导学生只有经过长时间有准备的积累，将来才能在自己的领域施展作为；同时鼓励学生活在当下，认真学好每一门课程，为自己的将来打好基础。

二、时域离散信号和系统

1. 知识与能力培养目标

时域离散信号和系统一章是数字信号处理的基石，主要介绍时域离散信号的表示方法、几种典型信号的类型、线性时不变系统的时域分析和线性常系数差分方程的分析。

具体培养目标如下：

(1) 掌握时域离散信号及数字信号的概念及表示方法；

(2) 掌握常用的时域离散信号的表达式及波形图；

(3) 掌握线性时不变时域离散系统的线性、时不变性、因果性和稳定性；

(4) 理解线性常系数差分方程的表达方式和递推解算方法等。

2. 课程思政元素挖掘及教学设计案例

★ 在讲解线性时不变离散系统的因果性时，引入哲学思想，培养学生良好的学习习惯和个人品格。

具体教学设计如下：

首先指出：系统的因果性即系统的可实现性，如果系统某时刻的输出取决于该时刻及该时刻以前的输入信号，而和该时刻以后的输入信号无关，则该系统就是可实现的，是因果系统。然后结合因果关系的哲学论点，类比学生的学习过程，使学生明白要获得“成就”的果，就必须有“刻苦付出”的因。借用培根的话，“懂得事物因果的人是幸福的”，也就是说，经常考虑因果的人会更容易成功，“未雨绸缪”“居安思危”就是对后果有着深远考虑之后的结论。教育学生在学习中要有长远的计划，合理支配自己的时间；每次考试后，要善于总结经验，追问原因，吸取教训。

★ 在讲解了本章的理论知识后，以例题和习题的形式将理论知识应用于解决实际问题中，以此培养学生理论联系实际的科学素养。

具体教学设计如下：

首先，介绍一种简单的滤波器，即滑动平均滤波器。该滤波器有对输入信号进行平滑的作用，相当于一个低通滤波器，滤除高频成分而保留低频成分。然后，采用任务驱动法，给学生布置一项实操任务：应用设计的滑动平均滤波器计算某商品一年中的价格变化趋势，采用 MATLAB 编程计算，以图形形式显示变化趋势。要求学生利用本章所学知识，分析任务的目标、实现方法和展示手段，以提升学生在实践过程中分析问题和解决问题的能力。联系“实践的观点是马克思主义哲学的核心价值观”和“坚持理论指导和实践探索辩证统一，必须坚持实践第一的观点，一切从实际出发”的马克思主义哲学思想，教导学生学习理论知识不是为了学习而学习，而是为了解决实际的问题而学习，培养学生理论联系实际的科学素养，提高学生解决实际问题的能力。

三、时域离散信号和系统的频域分析

1. 知识与能力培养目标

时域离散信号和系统的频域分析一章主要介绍时域离散信号的傅里叶变换及Z变换的定义、表达式、周期性、对称性和收敛域，周期序列的傅里叶级数和傅里叶变换，以及几种特殊滤波器(全通滤波器、最小相位滤波器和梳状滤波器)。

具体培养目标如下：

(1) 掌握傅里叶变换的定义、表达式和相关性质；

(2) 掌握周期序列的傅里叶级数和傅里叶变换；

(3) 掌握 Z 变换的定义、性质及 Z 变换与傅里叶变换的关系；

(4) 掌握 Z 变换的收敛域、频域卷积定理；

(5) 了解全通滤波器、最小相位滤波器和梳状滤波器的设计原理。

2. 课程思政元素挖掘及教学设计案例

★ 本章最重要的内容是傅里叶变换的相关理论，可以通过介绍科学家傅里叶的科研经历及主要贡献，激发学生的学习热情，培养学生刻苦奋斗的精神。

具体教学设计如下：

在讲解傅里叶变换的相关理论时，让学生通过网络查找傅里叶的相关资料，对傅里叶的科学研究过程和科研成就进行总结。傅里叶是法国著名的数学家、物理学家，他的主要贡献是在研究热的传播时创立了一套数学理论，包括热的解释、傅里叶变换、温室效应等。然而他的科研过程并非一帆风顺。傅里叶在 1807 年就完成了关于热传导的论文，但被当时著名的科学家审阅后拒绝，未正式发表，直到十几年后，傅里叶才终于出版了专著《热的解析理论》(*Analytical theory of heat*，*Paris*，1822)。以此鼓励学生要敢于探索，刻苦钻研，勇于坚持真理，培养学生刻苦奋斗的精神。

★ 在分析信号的时域和频域特征时，引入事物的相对性的哲学道理，引导学生要善于发现自身的优势和他人的优点，培养团队协作精神。

具体教学设计如下：

首先指出：信号的时域分析和研究比较直观，物理概念清楚，但无法反映信号的频域特性，而且有些问题(如卷积)在时域分析比较繁杂，傅里叶变换则解决了这些难题，将时域信号变换至频域，能清楚地反映信号的频域特性，但需要对时间函数进行变换。然后结合“尺有所短，寸有所长”的谚语引入“事物的相对性”的哲学思想，说明任何事物都有它的特殊性，只有认识到这种特殊性才能最大限度地发挥它的特殊作用。最后，通过开展互相找优点的课堂小活动，提升学生的自信心，培养团队协作精神。

★ 在介绍 Z 变换的定义时，联系在“信号与系统”模拟系统中介绍的傅里叶变换的相关知识，培养学生温故知新的学习习惯，使学生学会归纳总结的科学研究方法。

具体教学设计如下：

首先指出：傅里叶变换和 Z 变换都是数字信号处理中的重要数学工具。在“信号与系统”模拟系统中，用傅里叶变换进行频域分析，将拉普拉斯变换作为傅里叶变换的推广，用于对信号进行复频域分析；在数字信号处理系统中，用序列傅里叶变换进行频域分析，Z 变换则是其推广，用于对信号进行复频域分析。然后，与拉普拉斯变换相对应，列表归纳总结 Z 变换的相关性质，同时指出对知识体系的架构和对所学知识的复习是学习新知识的重要途径，“举一反三”“闻一知十”“触类旁通”等都是温故而知新的拓展，都是知识迁移的方式，以此培养学生温故知新的学习习惯。

四、离散傅里叶变换(DFT)及其快速算法(FFT)

1. 知识与能力培养目标

离散傅里叶变换(DFT)及其快速算法(FFT)一章主要介绍离散傅里叶变换(DFT)的定义、物理意义、性质及离散傅里叶快速算法(FFT)，简要介绍频域采样的概念、定理和频域内插公式，最后列举离散傅里叶变换的应用。

具体培养目标如下：

(1) 掌握离散傅里叶变换的定义及物理意义；

(2) 掌握离散傅里叶变换的性质；

(3) 理解频域采样定理的内容及频域内插公式；

(4) 掌握快速傅里叶变换的算法过程；

(5) 熟悉用快速傅里叶变换计算序列的线性卷积，了解序列频谱分析过程。

2. 课程思政元素挖掘及教学设计案例

★ 在讲解一个信号的周期延拓过程时，用 MATLAB 等相关软件进行仿真与演示，引入程序流程的条理化和严谨性等编程思想，培养学生严谨的学习态度和条理清晰的科研习惯，提升学生的实际操作能力，激发学生的学习热情。

具体教学设计如下：

在讲解一个信号的周期延拓过程时，首先要求学生利用 MATLAB 编程，将长度为 M 的有限长序列构造成一个周期为 N 的周期序列。提示学生要先画出简单的流程图，然后记录编程过程中出现的问题，并进行分析，最后尝试解决问题。以此锻炼学生的实际操作能力和解决问题的能力。然后改变 M 和 N 的值，观察仿真结果，给学生提供自主研究的机会，教会学生科学研究的一般方法。这种教学方法，使抽象、复杂和枯燥的教学过程直观形象化，可激发学生的学习热情，提高学习效率。

★ 在讲解离散傅里叶变换的时域循环卷积定理时，用类比法将卷积过程类比为学习过程，引导学生在学习过程中寻找合适的方法，提高自己的学习效率。

具体教学设计如下：

首先，介绍循环卷积过程。然后，将循环卷积过程与学习过程作类比，引导学生思考自己的学习方法，教育学生要“入乎耳，着乎心，布乎四体，形乎动静”，学会将 “闻、见、知、行”贯彻到自己的学习过程中，真正将所学知识融会贯通，提高学习效率。

五、模拟信号数字处理

1. 知识与能力培养目标

模拟信号数字处理一章主要介绍用数字信号处理模拟信号的基本原理，时域采样定理(即解决如何不失真地将模拟信号转变成数字信号)，用数字网络模拟模拟网络的方法，以及用快速傅里叶变换对模拟信号进行时域分析的原理。

具体培养目标如下：

(1) 理解模拟信号数字处理的基本原理；

(2) 掌握时域采样定理、模拟信号转变为数字信号的过程；

(3) 了解设计数字处理的技术参数，能对线性模拟系统进行数字模拟；

(4) 理解用傅里叶变换进行模拟信号的频谱分析，了解频谱分析的误差来源及截断效应和栅栏效应。

2. 课程思政元素挖掘及教学设计案例

★ 在讲解时域采样定理时，由“只有当采样频率大于等于两倍信号的最高频率时，才能不失真地恢复出原来的信号”引申到在生活、学习和工作中必须遵守国家的法律法规，遵守学校的校规，遵守社会道德标准和各种合理的规则。结合社会主义核心价值观，培养学生良好的个人品质。

具体教学设计如下：

介绍时域采样定理。对模拟信号进行等间隔理想采样，形成理想采样信号。理想采样信号的频谱是模拟信号频谱以采样频率为周期进行周期延拓形成的，只有当采样频率大于等于两倍信号的最高频率时，理想采样信号通过一个截止频率为采样频率的一半的低通滤波器，才能不失真地恢复出原来的模拟信号。如果采样频率不满足条件，就会造成频谱混叠现象，恢复的信号存在缺失。要想完整且不失真地恢复原信号，必须遵守这个规则。以此引申到现实生活中，遵纪守法是为人处世的基本准则，更是一种情操、一种修养，那些丧失信仰、违规违纪、贪赃枉法的“老虎”，终将落入法网。告诫学生在学习和考试过程中要坚守诚信的学习作风，培养学生良好的个人品质。再结合社会主义核心价值观的要求，培养学生的文明素养。

★ 在讲解完模拟信号的数字处理后，布置一个实验课题，通过课外实验和课堂讨论，培养学生的团队协作能力和追求卓越的工匠精神。

具体教学设计如下：

讲解完模拟信号的数字处理后，布置一个团队协作的实验课题：用 MATLAB 实现一个数字音频处理器。要求学生 3～4 人一组，分工协作完成课题内容。最后通过成果演示、小组讨论和经验总结等过程，充分调动学生的主观能动性，发挥团队每个成员的优势，让学生在享受成功喜悦的同时提升实际操作能力，增进与团队成员之间的协作能力，从而感受到团队协作的优势。在进行小组讨论和经验总结时，要求学生对自己和他人的设计提出问题和最优方法，激发学生精益求精的热情，引导学生追求卓越的新时代工匠精神。

六、信号的相关函数和功率谱

1. 知识与能力培养目标

信号的相关函数和功率谱一章介绍确定性信号的相关函数的定义、性质与应用，以及信号的能量谱密度和功率谱密度及其应用。相关函数的估计和计算是经典谱估计和现代谱估计的基础。相关函数是描述随机信号的重要统计量，在随机信号的分析和处理中有着重要应用。

具体培养目标如下：

(1) 掌握确定性信号的相关函数的定义和性质；

(2) 掌握信号的能量谱密度和功率谱密度的定义；

(3) 了解相关函数在雷达和主动声呐系统中的应用。

2. 课程思政元素挖掘及教学设计案例

★ 在讲解功率谱的定义和物理意义时，对于求极限的过程，通过介绍极限的出现和发展，并结合中国古代关于极限的探索，激发学生的民族自豪感，鼓励学生继承中国传统文化的精髓，传承优秀的中华文化。

具体教学设计如下：

首先，介绍极限的出现和发展。在现实生活中，表示物理现象的各种信号大体可以分为两类：确定信号和随机信号。这些信号的功率谱可以用信号的频谱来确定，但对于功率信号(比如语音信号中的浊音)，其傅里叶变换不存在，只能通过统计平均的方法从有限的信号采样特征中估计出信号的功率谱。极限思想是近代数学的重要思想，在电子信息类专业中占据重要的地位。极限思想可以追溯到公元前，《逍遥游》中的“上下四方有极乎？无极之外，复无极也……”对极限思想进行了宏观阐述。此后刘徽的割圆术是一种原始的极限思想的应用。以这些内容激发学生继承中国传统文化精髓的热情。然后，结合近几十年我国数字信号处理技术在各个领域的高速发展，激发学生的民族自豪感，培养学生的文化自信。

★ 在讲解相关函数的定义和性质时，融入雷达研究的前沿技术，激发学生的学习动力。

具体教学设计如下：

首先，介绍相关运算的目的(即衡量两个信号之间的相似程度，并提取相关的有用信息)和相关函数的定义及应用。然后，让学生查阅相关函数在雷达方面的应用及前沿技术。例如：在雷达和主动声呐系统中，探测的目的是通过比较发射信号和接收信号来判断目标是否存在，如果存在，则通过求延迟来确定目标的距离。实际工程中，由于受加性噪声的严重污染，还须利用相关函数来检测目标的位置信息。雷达以其优异的特性成为军事上必不可少的电子装备，广泛应用于气象预报、资源探测、环境监测、天体研究、大气物理、电离层结构研究等领域中。以此让学生感受所学专业知识将会给社会带来巨大的利益，从而激发学生的学习动力，增强学生的专业信心。

七、IIR 数字滤波器(IIRDF)设计

1. 知识与能力培养目标

IIR 数字滤波器的设计方法有两种：间接设计法和直接设计法。间接设计法是借助模拟滤波器设计方法进行设计的，即先设计出相应指标的过渡模拟滤波器，再将其转换成数字滤波器；直接设计法是在时域或频域直接设计数字滤波器。IIR 数字滤波器(IIRDF)设计一章主要介绍模拟滤波器的设计、IIR 数字滤波器的间接设计法，并简要介绍相应的 MATLAB 工具箱函数。

具体培养目标如下：

(1) 掌握数字滤波器的特点及分类；

(2) 掌握模拟滤波器设计的基本步骤和五种典型模拟滤波器的设计公式；

(3) 掌握采用间接法设计 IIR 数字滤波器的基本步骤；

(4) 会使用 MATLAB 工具箱中常用的滤波器设计函数。

2. 课程思政元素挖掘及教学设计案例

★ 在讲解采用脉冲响应不变法设计 IIR 数字滤波器时，需要将数字系统中的整个 z 平面映射到模拟系统中的 s 平面，再使用成熟的模拟滤波器设计技术实现数字滤波器的设计。另外，也可以直接设计 IIR 数字滤波器。以此告诉学生解决问题的方法有很多，但需要在不断学习中积累知识，提升自身的价值。

具体教学设计如下：

指出：设计 IIR 数字滤波器时，除了可以使用直接设计法，还可以使用间接设计法。采用间接设计法时，首先确定设计的数字滤波器的指标，再将这个指标转换成相应的过渡模拟滤波器的指标；然后运用相当成熟的模拟滤波器设计技术，实现过渡模拟滤波器；最后将模拟滤波系统函数转换成数字滤波系统函数(因为数字频率与模拟频率之间是线性关系，即整个 s 平面与 z 平面存在一一对应的映射关系)。由此引出解决问题的方法有很多，告诉学生在学习的过程中要积极探索不同的解决方法。俗话说得好：“技多不压身”，在日益激烈的竞争中，只有不断丰富知识，积极提升自身价值的人才能走得稳、走得远。

★ 在讲解 IIR 滤波器设计后，引入 5G 通信中有关毫米滤波器的前沿技术，培养学生的危机意识，激发学生建设中国特色社会主义的责任担当。

具体教学设计如下：

首先介绍 IIR 和 FIR 数字滤波器的设计，然后插入有关 5G 通信相关资料，指出 5G 通信的关键技术之一是毫米滤波器的设计与实现。滤波作为射频系统的一个重要器件，在发射端、中继端和接收端都发挥着至关重要的作用。在 5G 发展的时代背景下，中国对高端芯片的需求日益增加，而国外一些国家为了遏制中国的发展，对中国进行技术封锁或打压(如对中兴公司、华为公司的封锁)，限制中国在信息通信领域的高科技崛起，即使在这样的背景下，中国的 5G 技术在全世界仍然遥遥领先。通过这个案例，激发学生要有危机意识，培养学生的爱国情怀，努力打造属于自己的“中国芯”。同时分析自己需要努力的方向，制定合理的奋斗目标，为实现国富民强而砥砺前行。

八、FIR 数字滤波器(FIRDF)设计

1. 知识与能力培养目标

FIR 数字滤波器的设计方法主要分为两类：第一类是基于逼近理想滤波器性质的方法，包括窗函数法、频率采样法和等波纹最佳逼近法；第二类是最优设计法。FIR 数字滤波器(FIRDF)设计一章主要介绍线性相位 FIR 数字滤波器及其特点，重点介绍第一类设计方法以及设计滤波器过程，简单介绍相应的 MATLAB 工具箱函数。

具体培养目标如下：

(1) 掌握 FIR 数字滤波器的线性相位条件及时域和频域特性；

(2) 掌握窗函数设计法的基本设计过程；

(3) 掌握频率采样法的设计步骤；

(4) 熟悉 MATLAB 工具箱中常用的窗函数；

(5) 掌握 IIR 数字滤波器和 FIR 数字滤波器的优缺点。

2. 课程思政元素挖掘及教学设计案例

★ 在讲解频率采样法的基本步骤时，找出逼近误差及引起误差的因素来完善设计过程。用类比法引导学生，在当今信息爆炸时代，要有“滤波”思想，学会甄别有用信息和有害信息，增强学生的防诈骗意识，培养学生的良好学习和生活习惯，提高学生的个人品质。

具体教学设计如下：

首先，讲解频率采样法设计，再布置习题：用频率采样法设计一个线性相位滤波器，给出设计要求，并用 MATLAB 进行仿真，改变采样点数，观察其频率响应波形。然后，总结逼近误差的特点，找出产生逼近误差的因素，并提出改进措施。最后，小组讨论并演示结果。通过这道习题引申到这样一个生活现象：每个人心中都要有一个性能不断完善的滤波器，将多方面获取的知识进行过滤，多听、多读、多看有益的知识，滤除不健康的和有害的消息，积极调整自己的心态，保持正能量输出。网络发达的今天，有些不法分子利用网络进行诈骗和犯罪，教育学生要提高警惕，学会辨别网络上的真假信息，学会远离不健康的网站，合理使用网络，养成良好的生活和学习习惯。

★ 在讲解 IIR 数字滤波器和 FIR 数字滤波器设计后，让学生列出 IIR 和 FIR 数字滤波器的优缺点，根据应用需求选择合适的滤波器，让学生掌握总结归纳的学习方法，增强以需求为导向的研究意识，提升辩证思维能力。

具体教学设计如下：

在讲解 IIR 数字滤波器和 FIR 数字滤波器的设计方法后，提出问题：这两种数字滤波器各有什么特点？在实际运用时怎样选择它们？让学生分组讨论，并以列表形式总结(主要从性能方面、结构方面、设计工具及应用层面来分类总结)，最后在课堂上分享。教师总结：IIR 数字滤波器和 FIR 数字滤波器各有优劣，在实际应用时应根据具体需求，全面均衡考虑后选择合适的数字滤波器。例如：对相位要求不高时，如语言通信，可选用 IIR 数字滤波器，充分利用其经济和高效的特点；对于图像信息处理和数据传播系统，因其线性相位要求较高，故通常采用 FIR 数字滤波器可得到较好的效果。此教学设计可让学生体会归纳总结的学习方法和步骤，学习以需求为导向的研究理念，了解事物的两面性，培养学生具体问题具体分析的辩证思维。

九、时域离散系统的实现

1. 知识与能力培养目标

时域离散系统的实现一章重点介绍时域离散系统函数的实现方法。本章首先介绍 IIR 和 FIR 的网络结构，以及格型网络结构，然后描述不同结构的软件实现方法，最后介绍有限字长效应。

具体培养目标如下：

(1) 掌握 FIR 数字滤波器的五种实现方法：直接型、级联型、线性相位型、频率采样型和快速卷积型；

(2) 掌握 IIR 数字滤波器的三种实现方法：直接型、级联型和并联型；

(3) 掌握全零点格型网络结构和全极点格型网络结构；

(4) 了解量化效应的概念及量化误差的来源；

(5) 熟悉常用的滤波器设计与分析工具。

2. 课程思政元素挖掘及教学设计案例

★ 时域离散系统的实现涉及“系统”的概念，由此引申到广义理解的系统、自然界的生态系统(人类社会是一个复杂的系统，人本身也是一个复杂神奇的系统)，引导学生明白任何系统的运转都离不开每个组成部分的正常工作，需要协调好各部分之间的关系，才能发挥系统的最大功效，以此培养学生的大局观和团队协调能力。

具体教学设计如下：

首先，指出：时域离散系统的实现，就是用软件和硬件的方法来实现系统的系统函数。对于同一个系统函数，可能有若干个不同的网络结构，不同的网络结构对应有相同的计算结果。但在实际中，不同的网络结构可能产生不同的计算误差。然后，引申出：任何系统都是各个组成部分的有机结合，大到宇宙、小到微生物都是如此，正所谓“麻雀虽小，五脏俱全”。引导学生既要从大局出发，了解整体性能，又要清晰地看到每个组成部分，了解每个部分的功能和各部分之间的关联。最后，告诉学生：学习也可以看作一个系统，它是由不同的部分组成的，只有充分利用时间，处理好学习、健身、娱乐和休息之间的关系，学习才能更高效。通过类比方法，提升学生的大局观。

★ 在讲解滤波器设计与分析工具时，给出设计要求，让学生利用分析工具实现设计，以此培养学生解决实际问题的能力和科研精神。

具体教学设计如下：

首先，介绍滤波器设计分析工具(该工具可以随时观察设计结果，调整设计指数参数，改变网络结构，选择合适的量化字长)。然后，布置设计性作业：设计一个低通数字滤波器，给出通带边界频率、通带内衰减要求、阻带边界频率、阻带内衰减要求和信号的采样频率等参数，要求学生自行组队设计。在设计过程中，学生通过使用分析工具来增强实际操作能力；通过分析设计过程中遇到的各种问题，加强学生之间的交流与合作，培养学生的科研精神。

十、多采样率数字信号处理

1. 知识与能力培养目标

多采样率数字信号处理一章主要介绍整数因子抽取、整数因子插值和有理数因子采样率转换的基本原理及高效实现方案。

具体培养目标如下：

(1) 掌握整数因子抽取和整数因子插值的概念及物理意义；

(2) 掌握有理数因子采样率转换的工作原理；

(3) 熟悉 FIR 数字滤波器的高效实现结构、多相滤波结构和多级实现结构；

(4) 了解采样率转换器的 MATLAB 实现工具。

2. 课程思政元素挖掘及教学设计案例

★ 在讲解多采样率的概念时，列举不同系统中的采样率的具体数值，强调在接收端必须按照不同的规则才能得到不失真的重构信号。由此引申到自然界的优胜劣汰，社会各行各业的安全规定和行为准则，以及各种法律和道德规范等，引导学生做人、做事要有原则性，培养学生良好的个人品质。

具体教学设计如下：

首先，指出：各种传输信号有各自不同的特点，例如，在数字电话系统中，传输的信号既有语音信号，又有传真信号，甚至还有视频信号。这些信号的带宽相差甚远，所以要想在末端重构信号，必须采用多采样率，而且还必须满足采样定理，否则会产生频谱混叠。然后，引申到现实社会中有各种标准规定、各种行为准则、各种学术规范，这些都是必须遵守的规定。孟子云："不以规矩，不能成方圆。"只有遵纪守法，遵守社会道德约束，才能营造和谐的社会环境，才有利于国富民强。最后，指出：这些规则也包含在社会主义核心价值观的核心思想中。正如"天下之事，不难于立法，而难于法之必行；不难于听言，而难于言之必效。"以此教导学生，要依法办事，要言之有信，做新时代的文明大学生，切实践行社会主义核心价值观。

★ 在用 MATLAB 信号处理工具实现采样率转换器时，让学生编写程序。对于程序编写过程中出现的问题，要求学生以严谨的求学态度来解决，从而培养学生细心周全的思考习惯。

具体教学设计如下；

首先，布置一道上机题：利用 MATLAB 信号处理工具和提供的采样率与转换函数编写程序，实现调用各种函数进行采样率变换的功能。然后，针对学生对程序运行中出现的错误和不知如何解决的问题，在介绍代码调试方法以及修改程序错误的过程中，帮助学生建立克服困难的信心。此教学设计可让学生明白学习必须脚踏实地，一步一个脚印。

十一、数字信号处理应用举例

1. 知识与能力培养目标

数字信号处理应用举例一章首先简要总结数字信号处理技术的优点(即灵活、精确、抗干扰性强，设备体积小、功耗低、造价便宜)，然后简单介绍数字信号处理的几个应用实例(如数字语音信号处理、数字图像信号处理等)，最后介绍数字信号处理技术在双音多频拨号系统和音乐信号处理中的应用。

具体培养目标如下：

(1) 了解双音多频信号的概念、产生与检测方法；

(2) 了解双音多频拨号系统中有关的数字信号处理技术；

(3) 了解数字信号处理在音频信号处理中的应用。

2. 课程思政元素挖掘及教学设计案例

★ 在讲解数字信号处理技术的应用时，列举新冠疫情防控中在机场入口、商场入口等设置测温系统的应用实例，激发学生对专业知识学习的热情。

具体教学设计如下：

数字信号处理技术的应用领域越来越广泛。首先让学生列举日常生活中的应用，然后教师进行适当补充。例如，新冠疫情防控期间，机场的红外测温、识别人员是否佩戴口罩的设备等，都是数字信号处理技术的具体应用实例。其中，红外测温设备使用了信号检测技术，识别是否佩戴口罩的设备使用了信号识别技术。通过这些实例，激发学生学习专业课的积极性，鼓励学生努力学习专业知识。同时结合当下新冠疫情预防的要求，增强学生的防疫意识。

★ 在讲解数字信号技术在通信领域的应用时，可以引入通信技术中的复用技术，培养学生的创新思维，鼓励学生把握好人生的黄金时段，努力奋斗。

具体教学设计如下：

首先，引入通信技术中的复用技术。随着新理论和新算法的不断出现和发展，数字信号处理技术在通信领域也得到了长足的发展。以移动通信系统为例，从 2G 到 3G、4G，直到现在的 5G，由于频段资源是有限的，在不降低服务质量的前提下，如何提高频谱利用率是一个值得深思的问题。答案是这些系统中都用到了复用技术，如频分复用、时分复用、码分复用等。然后，引申到人的一生。人的一生是有限的，就像频谱资源一样，频谱可以复用，但人生不能复制，告诫学生要想实现人生价值，就必须珍惜时间，充分利用每分每秒。此教学设计旨在培养学生的时间紧迫感和忧患意识，激发学生建设中国特色社会主义的使命担当。

参考文献

[1] 邱关源，罗先觉. 电路[M]. 5 版. 北京：高等教育出版社，2006.
[2] 清华大学电子学教研组. 模拟电子技术基础[M]. 5 版. 北京：高等教育出版社，2015.
[3] 清华大学电子学教研组. 数字电子技术基础[M]. 6 版. 北京：高等教育出版社，2016.
[4] 张肃文. 高频电子线路[M]. 5 版. 北京：高等教育出版社，2009.
[5] 陈后金，胡健，薛健，等. 信号与系统[M]. 3 版. 北京：高等教育出版社，2020.
[6] 樊昌信，曹丽娜. 通信原理[M]. 7 版. 北京：国防工业出版社，2012.
[7] 张瑜. 电磁场与电磁波基础[M]. 西安：西安电子科技大学出版社，2016.
[8] 谢处方，饶克谨. 电磁场与电磁波[M]. 4 版. 北京：高等教育出版社，2006.
[9] 陈继红. 微机原理及应用[M]. 2 版. 北京：高等教育出版社，2011.
[10] 高西全，丁玉美，阔永红. 数字信号处理：原理、实现及应用[M]. 3 版. 北京：电子工业出版社，2016.